Conteúdo digital exclusivo!

Cadastre-se e transforme seus estudos em uma experiência única de aprendizado!

Acesse agora

Portal:
www.editoradobrasil.com.br/crescer

Código de aluno:
1839172A1268385

CB015054

Lembre-se de que esse código é pessoal e intransferível. Guarde-o com cuidado, pois é a única forma de você utilizar os conteúdos do portal.

Mila T. Perez Basso • Patrícia Cândido

CRESCER
Matemática

3º ano

Editora do Brasil

Dados Internacionais de Catalogação na Publicação (CIP)
(Câmara Brasileira do Livro, SP, Brasil)

Basso, Mila T. Perez
  Crescer matemática, 3º ano / Mila T. Perez Basso, Patrícia Cândido. – 1. ed. – São Paulo: Editora do Brasil, 2018. – (Coleção crescer)

  ISBN 978-85-10-06843-7 (aluno)
  ISBN 978-85-10-06844-4 (professor)

  1. Matemática (Ensino fundamental) I. Cândido, Patrícia. II. Título III. Série.

18-15639   CDD-372.7

Índices para catálogo sistemático:
1. Matemática: Ensino fundamental 372.7
Maria Alice Ferreira – Bibliotecária – CRB-8/7964

1ª edição / 1ª impressão, 2018
Impresso no Parque Gráfico da Editora FTD

Rua Conselheiro Nébias, 887
São Paulo, SP – CEP 01203-001
Fone: +55 11 3226-0211
www.editoradobrasil.com.br

© Editora do Brasil S.A., 2018
Todos os direitos reservados

Direção-geral: Vicente Tortamano Avanso

Direção editorial: Felipe Ramos Poletti
Gerência editorial: Erika Caldin
Coordenação de arte: Cida Alves
Supervisão de revisão: Dora Helena Feres
Supervisão de iconografia: Léo Burgos
Supervisão de digital: Ethel Shuña Queiroz
Supervisão de controle de processos editoriais: Marta Dias Portero
Supervisão de direitos autorais: Marilisa Bertolone Mendes

Supervisão editorial: Valéria Elvira Prete
Coordenação pedagógica: Maria Cecília Mendes de Almeida
Consultoria técnica: Humberto Luis de Jesus
Edição: Rodrigo Pessota, Solange Martins e Daniela Benites
Assistência editorial: Cristina Silva dos Santos e João Alves de Souza Neto
Auxílio editorial: Fernanda Carvalho
Coordenação de revisão: Otacilio Palareti
Copidesque: Gisélia Costa, Ricardo Liberal e Sylmara Beletti
Revisão: Alexandra Resende e Maria Alice Gonçalves
Pesquisa iconográfica: Daniel Andrade e Elena Ribeiro
Assistência de arte: Letícia Santos
Design gráfico: Andrea Melo
Capa: Megalo Design e Patrícia Lino
Imagem de capa: Luna Vicente
Ilustrações: Alex Cói, Anderson Cássio, André Aguiar, André Martins, Carlos Jorge, Cibele Santos, Clarissa França, Daniel Klein, Eduardo Borges, Hélio Senatore, Henrique Brum, Ilustra Cartoon, João P. Mazzoco, Jótah, Luana Costa, Luiz Lentini, Márcio Rocha, Marco Cortez, Marcos Machado, Mário Pita e Saulo Nunes Marques
Coordenação de editoração eletrônica: Abdonildo José de Lima Santos
Editoração eletrônica: Setup
Licenciamentos de textos: Cinthya Utiyama, Jennifer Xavier, Paula Harue e Renata Garbellini
Controle de processos editoriais: Bruna Alves, Carlos Nunes, Jefferson Galdino, Rafael Machado e Stephanie Paparella

Querido aluno,

Esta coleção foi pensada com muito carinho para que você possa aprender e fazer matemática tanto na escola quanto no seu dia a dia.

Em todo o livro você encontrará muitas propostas de resolução de problemas. O objetivo é que você se sinta confiante em realizar desafios que o ajudarão a compreender a disciplina.

As atividades possibilitarão a você aprender mais e mais matemática, por meio de textos, imagens, jogos, materiais manipuláveis, obras de arte, brincadeiras, *softwares*, livros de história, entre outros recursos.

Aproveite as situações de trabalho individual e em grupo para se comunicar, tirar dúvidas e comentar com os colegas e professores o que aprendeu. Tudo isso o ajudará a ter mais segurança como estudante e em outras situações na vida.

Desejamos que você viva intensamente essas experiências. Estamos torcendo por seu sucesso!

As autoras

Sumário

Unidade 1
Que números encaixar? 7
História dos números 8
Os algarismos 9
   Algarismos e seus valores 12
Ordem crescente e decrescente 14
   Cálculo mental 15
Medindo comprimento 17
   O centímetro 17
   O centímetro e o metro 19
   Giramundo – Medindo aqui e acolá 21
   Coleção de problemas 22
Retomada 24
Periscópio 26

Unidade 2
Quem é quem? 27
Representação de números com materiais diferentes 28
Antecessor e sucessor de um número 31
Maneiras de adicionar 33
   Usando o ábaco 33
   Uso do algoritmo 34

Provável ou improvável? 35
   Estimativa 36
Medir o tempo 37
   Calendário 37
   Os relógios 40
   Cálculo mental 46
   Coleção de problemas 47
Retomada 50
Periscópio 52

Unidade 3
Eu e os números 53
Gráficos e tabelas 54
Figuras planas 56
   Dobraduras e formas 57
   Jogo – Qual é a propriedade da figura? 59
Subtração 60
   As ideias da subtração 64
Sistema de numeração decimal 67
   Cálculo mental 69
   Coleção de problemas 70
Retomada 72
   Construir um mundo melhor – Brincar e integrar 74
Periscópio 76

Unidade 4
Detetive dos pares 77
- Par ou ímpar? 78
- Possibilidade.....................................81
- Adição com reagrupamento 82
  - Cálculo mental 85
- Percepção espacial..........................87
  - Brincadeira – Registrando um percurso.....................................89
  - Giramundo – Ecolocalização............91
  - Coleção de problemas 92
- Retomada 94
- Periscópio 96

Unidade 5
Medidas na cozinha 97
- Subtração com troca...................... 98
  - Algoritmo convencional para subtração com recurso 102
- Medidas de massa 106
  - O quilograma................................106
  - O grama..111
  - Cálculo mental 113
- Sistema monetário brasileiro.........114
  - Contando dinheiro 115
  - Educação financeira 118
- Construção de gráfico com base em uma tabela 120
  - Coleção de problemas 122
- Retomada 124
- Periscópio 126

Unidade 6
Cores e figuras 127
- Números maiores que 999 128
- As trocas nos algoritmos 131
- Adição com suporte da reta numérica 132
- Gráficos e tabelas.......................... 133
- Multiplicação................................ 134
  - Tabuada do 2................................137
  - Tabuada do 4................................138
  - Tabuada do 8............................... 141
  - Estimativa 144
- Calculadora 145
- Figuras geométricas espaciais 146
  - Pirâmides.................................... 148
  - Coleção de problemas 153
- Retomada 154
- Periscópio 156

Unidade 7
Guardião das águas 157

Figuras geométricas espaciais 158
   Jogo – Que figura é essa? 160
Números maiores que 500 161
Probabilidade 165
Multiplicação 167
   Tabuada do 3 167
   Tabuada do 6 168
   Tabuada do 9 170
   Multiplicação por decomposição 172
   Algoritmo da multiplicação 174
   Multiplicação com centena 176
Repartir igualmente 178
   Metade e quarta parte 182
   Terça, quarta, quinta e décima partes 185
   Estimativa 187
Calculadora 188
Medida de capacidade: o litro e o mililitro 189
Estatística: organizando uma pesquisa 195
   Coleção de problemas 198
   Cálculo mental 200
Retomada 202
Periscópio 204

Unidade 8
Pega-varetas 205

Geometria: figuras planas 206
   Giramundo – Arte e Geometria 211
Congruência de figuras geométricas planas 212
O milhar 215
Multiplicação 221
   Tabuada do 7 221
   Multiplicação por 10, 100 e 1000 223
Multiplicação com reagrupamento 228
O algoritmo convencional da multiplicação 230
Divisão 232
   Divisão por estimativa 237
   Quantos cabem? 238
Grandezas e medidas: área por superposição 240
   Coleção de problemas 241
   Cálculo mental 243
Retomada 244
Periscópio 246

Referências 247
Material complementar 249

UNIDADE 1
Que números encaixar?

O **sudoku** é um quebra-cabeça em que se deve utilizar a colocação lógica de números.

Em cada quadrado menor, devem aparecer os números 1, 2, 3 e 4. Não vale repetir os números na coluna nem na linha.

Agora é com você!

História dos números

Há muito tempo, o ser humano sentiu a necessidade de representar quantidades. No início eram utilizados objetos, como cordas com nós, ossos ou pedaços de madeira marcados com riscos, sementes e, é claro, os dedos das mãos.

Mais tarde, com a prática da agricultura e com a criação de animais, os pastores de ovelhas, ao soltar seus rebanhos pela manhã, contavam os animais colocando pedras em um saco. Para cada ovelha que saía do cercado, o pastor levantava um dedo. Quando ele completava os dedos das duas mãos, colocava uma pedra em um saco.

O pastor recomeçava a contagem com os dedos das mãos e, novamente, quando completava os dedos das duas mãos, colocava no saco outra pedra. Ao final, verificava quantas pedras havia colocado no saco.

Outras maneiras de representar os números

Veja no quadro abaixo como alguns povos representavam os números 1 e 10.

Quantidade	Babilônios	Egípcios	Gregos	Romanos	Maias
1	Y	|	. ou (ou I	I	•
10	<	∩	– ou O	X	=

Fonte: <www.mat.ufpb.br/bienalsbm/arquivos/Mini-Cursos/PatriciaAires/Sistemas-de-Numera%C3%A7%C3%A3o-Antigos-Patricia.docpdf.pdf>. Acesso em: out. 2017.

🔶 Os algarismos

O jeito de contar e registrar quantidades praticado pelos pastores de ovelhas no passado inspirou o sistema de numeração decimal que usamos hoje. Como temos 10 dedos nas mãos, ficou mais fácil agrupar quantidades de 10 em 10.

Nosso sistema de numeração é composto de 10 símbolos matemáticos, chamados de algarismos. São eles:

0, 1, 2, 3, 4, 5, 6, 7, 8, 9

Com esses algarismos há infinitas combinações para formar diferentes números, dependendo da posição ocupada pelos algarismos. O número 25, por exemplo, é formado pelos algarismos 2 e 5. O número 52 também é formado pelos algarismos 2 e 5, mas nesse caso eles ocupam posições diferentes em cada número.

Um grupo de 10 unidades recebe o nome de **dezena**. E cada grupo de 10 dezenas recebe o nome de **centena**. Para entender melhor esses agrupamentos, podemos utilizar o Material Dourado.

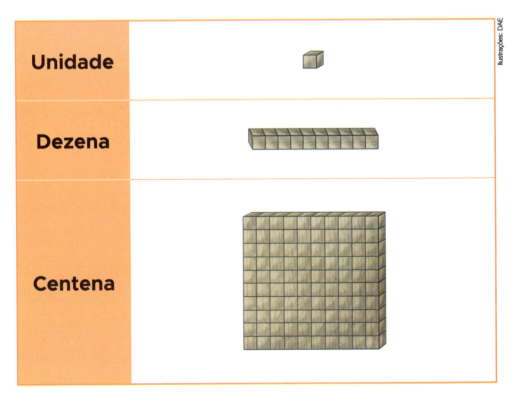

Trocamos 10 unidades por uma dezena.

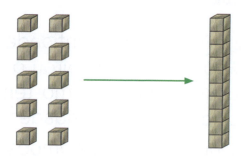

Trocamos 10 dezenas por uma centena.

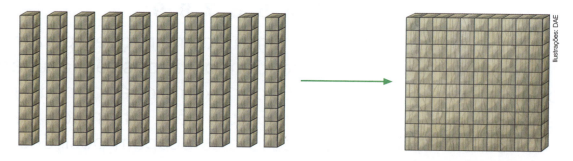

Os números 10, 20, 30, 40, 50, 60, 70, 80, 90 e 100 são formados por dezenas e são chamados de **dezenas exatas**. Podemos registrar esses números em um quadro de valor posicional ou **quadro valor de lugar**.

Centena	Dezena	Unidade
	1	0
	2	0
	3	0
	4	0
	5	0
	6	0
	7	0
	8	0
	9	0
1	0	0

Na última linha do quadro valor de lugar vemos o número **100** (cem). Com o Material Dourado, o número 100 pode ser representado pela placa ao lado.

1. Localize na reta numérica a seguir os números 20, 40, 60 e 80.

2. Escreva as centenas exatas que compõem o nosso sistema de numeração decimal.

_____

3. Complete o quadro.

O número ... pode ser representado por ...			
100 (cem)	_____ unidades	_____ dezenas	____ centena
200 (duzentos)	_____ unidades	_____ dezenas	____ centenas
300 (trezentos)	_____ unidades	_____ dezenas	____ centenas
400 (quatrocentos)	_____ unidades	_____ dezenas	____ centenas
500 (quinhentos)	_____ unidades	_____ dezenas	____ centenas
600 (seiscentos)	_____ unidades	_____ dezenas	____ centenas
700 (setecentos)	_____ unidades	_____ dezenas	____ centenas
800 (oitocentos)	_____ unidades	_____ dezenas	____ centenas
900 (novecentos)	_____ unidades	_____ dezenas	____ centenas

Algarismos e seus valores

Você sabe como os números maiores que 100 são formados?

Observe a representação do número **147** com o Material Dourado.

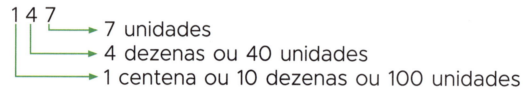

1 4 7
→ 7 unidades
→ 4 dezenas ou 40 unidades
→ 1 centena ou 10 dezenas ou 100 unidades

Uma possibilidade de **decomposição:** 100 + 40 + 7 = 147.

No quadro valor de lugar temos:

Centena	Dezena	Unidade
1	4	7

1. Complete:

Número	Centena	Dezena	Unidade
284			

2 8 4
→ 4 unidades
→ ___ dezenas ou ___ unidades
→ ___ centenas ou 20 dezenas ou ___ unidades

Uma possibilidade de decomposição:

_____.

Centena	Dezena	Unidade

2. Luísa é pintora de residências. Veja quanto ela recebeu por 2 dias de serviço.

a) Quantas cédulas de 100 reais ela recebeu?

_____

b) Quantas cédulas de 10 reais ela recebeu?

_____

c) Registre no quadro valor de lugar a quantia que Luísa recebeu, no total, pelos 2 dias de serviço.

Centena	Dezena	Unidade

3. Veja a cena e complete o que Humberto falou.

O NÚMERO EM QUE ESTOU PENSANDO TEM TRÊS ALGARISMOS E É FORMADO POR 50 DEZENAS E 33 UNIDADES.

JÁ SEI! É O NÚMERO _____.

13

Ordem crescente e decrescente

A professora Juliana pediu aos alunos que se organizassem em ordem decrescente de altura. Para tanto, ela solicitou que o maior aluno da turma ficasse em primeiro lugar na fila.

- Os números também podem ser organizados em ordem **crescente** e **decrescente**.

1. Organize os números a seguir em ordem decrescente.

   | 16 | 18 | 8 | 20 | 31 |

   _____

2. Organize os números abaixo em ordem crescente.

   | 131 | 632 | 34 | 237 | 336 |

   _____

Cálculo mental

Veja como Beatriz fez a adição **142 + 56**.

1. Agora, resolva as adições a seguir como Beatriz.
   a) 232 + 38
   b) 313 + 81
   c) 451 + 22

2. Ouça com atenção os cálculos que serão ditados e escreva os resultados nos locais indicados.

a) _____	f) _____	k) _____	p) _____
b) _____	g) _____	l) _____	q) _____
c) _____	h) _____	m) _____	r) _____
d) _____	i) _____	n) _____	s) _____
e) _____	j) _____	o) _____	t) _____

3. Complete as adições para obter cada resultado indicado.

10	20		30	
___ + 1 ou ___ + 9	19 + ___	___ + 19	___ + 1	1 + ___
___ + 2 ou ___ + 8	18 + ___	___ + 18	___ + 2	2 + ___
___ + 3 ou ___ + 7	17 + ___	___ + 17	___ + 3	3 + ___
___ + 4 ou ___ + 6	16 + ___	___ + 16	___ + 4	4 + ___
___ + 5	15 + ___	___ + 15	___ + 5	5 + ___
	14 + ___	___ + 14	___ + 6	6 + ___
	13 + ___	___ + 13	___ + 7	7 + ___
	12 + ___	___ + 12	___ + 8	8 + ___
	11 + ___	___ + 11	___ + 9	9 + ___
	10 + ___		___ + 10	10 + ___
			___ + 11	11 + ___
			___ + 12	12 + ___
			___ + 13	13 + ___
			___ + 14	14 + ___
			___ + 15	

a) O que a primeira linha de cada coluna do quadro tem em comum? Discuta com os colegas.

b) No espaço abaixo, escreva como seria a primeira linha da coluna dos números 40 e 50.

40	50

16

🔷 Medindo comprimento

Que objetos são esses? Você se lembra do que podemos medir usando esses objetos?

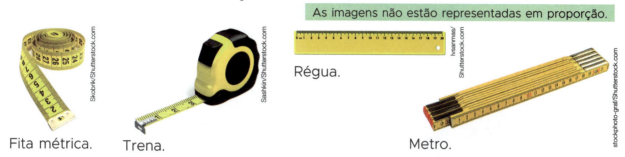

As imagens não estão representadas em proporção.

Fita métrica. Trena. Régua. Metro.

Esses objetos são chamados de instrumentos de medida. Eles são usados para medir comprimento.

Vamos explorar um pouco mais essa medição?

O centímetro

1. Observe os objetos que estão sendo medidos.

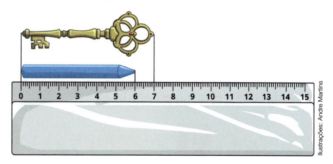

• Agora responda:

a) Qual deles é mais comprido: a chave ou o giz de cera?

_____

b) O giz de cera mede _____ centímetros.

c) A chave mede _____ centímetros.

d) A chave mede ____ centímetro a _____ que o giz de cera.

e) A régua mede _____ centímetros.

17

> O **centímetro** é uma unidade de medida de comprimento.
> O símbolo **cm** é uma abreviação da palavra centímetro.

2. Observe os objetos.

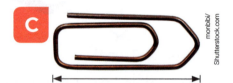

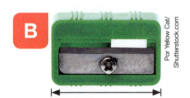

a) Estime o comprimento de cada objeto.

b) Agora, usando a régua, meça os objetos e registre a medida real de cada um deles.

3. Observe atentamente os objetos de sua sala de aula. Você acha que algum deles mede:

a) 60 cm de comprimento? Qual deles? _____

b) 15 cm de comprimento? Qual deles? _____

c) Por que você acha que esses objetos têm essa medida? Junte-se a um colega e pensem o que vocês podem fazer para conferir.

18

O centímetro e o metro

Você já aprendeu que a régua é utilizada para medir comprimentos não muito grandes e que, nesse caso, a unidade de medida escolhida é o **centímetro (cm)**.

Mas como fazemos para medir o comprimento de objetos grandes ou, por exemplo, a largura da sala de aula? Nesses casos, a unidade de medida utilizada é o **metro (m)**.

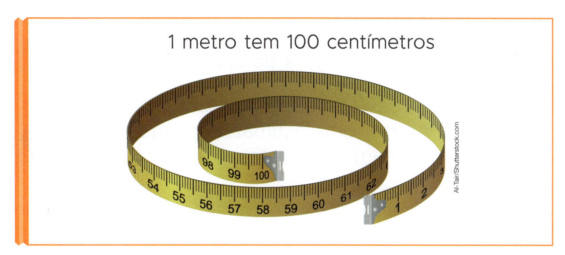
1 metro tem 100 centímetros

1. Com a ajuda do professor e dos colegas e usando um instrumento de medida de comprimento para medir, corte um pedaço de barbante com 1 metro de comprimento. Depois, dobre-o ao meio e faça uma marca nele com canetinha de cor escura.

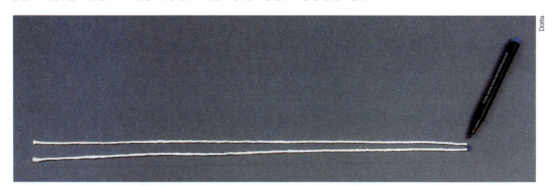

• Agora complete:

Se 1 metro tem 100 centímetros, então metade de 1 metro tem _____.

19

2. Em grupos de 4 alunos, usem o pedaço de barbante de 1 metro para medir:

   a) a altura de sua mesa _____;

   b) o comprimento da lousa _____.

3. Continuem usando o pedaço de barbante de 1 metro.

   a) Estimem a largura de sua sala de aula. _____ m.

   b) Agora, meçam a largura da sala. _____ m.

4. Reúna-se com os colegas para escolher três objetos na sala de aula e fazer uma estimativa da medida deles. Depois, meçam os objetos com o metro de barbante.

   a) Agora, complete o quadro com as informações obtidas.

	Objeto escolhido	**Estimativa de medida**	**Medida com o metro de barbante**
Menor que 1 metro			
1 metro			
Maior que 1 metro			

   b) A estimativa de vocês foi boa? Contorne a figura para responder.

20

Giramundo

Medindo aqui e acolá

Você já reparou que, a todo momento, medimos coisas?

Medimos a quantidade de alimentos que compramos, a distância entre lugares, a quantidade de líquido que bebemos... Em todos os casos, lidamos com grandezas e medidas.

As **grandezas** são características dos objetos que podem ser medidos: massa, comprimento e volume são grandezas. Outras características, como cor, formato, sabor, não são grandezas.

Já a **medida** é uma forma de comparar duas grandezas do mesmo tipo. Por exemplo: comparar duas massas, dois comprimentos, dois volumes usando um padrão que todo mundo conheça.

E é muito simples, veja só: a distância entre a casa de Mariana e a escola onde estuda é de 800 metros. Nesse caso, a grandeza é o comprimento, e a medida são os 800 metros.

Coleção de problemas

1. Leia o problema a seguir em voz alta, sem se preocupar em resolvê-lo.

   - Em uma excursão ao teatro da escola Revolução, foram 245 crianças no primeiro dia e 189 crianças no segundo dia. Quantas crianças foram ao teatro nos dois dias? Em qual dia foram mais crianças?

   a) Contorne de azul as perguntas do problema.

   b) Pinte de amarelo os dados numéricos do problema.

   c) Qual é a história do problema?

   d) Agora, pense em outras perguntas que podem ser feitas com base nesse problema e anote-as no caderno. Depois, peça a um amigo para responder.

2. Bebel tem dois cachorros ainda filhotes: Dengo e Dengoso. Ela quer dividir igualmente os 6 biscoitos que ganhou entre eles. Quantos biscoitos cada cachorro receberá? Desenhe no espaço abaixo sua ideia para resolver o problema.

22

3. Jeferson, Beto e Sérgio são amigos. Todos têm profissões e gostos diferentes. Veja as dicas sobre eles.

> • Jeferson bebe leite e não é pedreiro.
> • O amigo que é pedreiro prefere suco.
> • Beto não come alface nem batatas fritas.
> • Sérgio é cantor.
> • Quem come alface bebe chá.

• Agora responda:

a) Quem prefere alface? _____

b) Qual deles bebe suco? _____

c) Quem é motorista? _____

4. (Saresp) Mariana tinha algumas canetas e ganhou 4 de sua mãe, ficando com 17 canetas. A quantidade de canetas que Mariana tinha antes de ganhar as de sua mãe é:

☐ 13. ☐ 10. ☐ 7. ☐ 4.

5. Reginaldo tinha 12 adesivos e ganhou mais 4 pacotes com 10 adesivos em cada um. Quantos adesivos ele tem agora? Conte como você fez para saber.

6. O problema abaixo está incompleto, sem a pergunta. Marque com **X** a melhor opção de pergunta para ele.

• Jairo tinha 89 caixas de suco em seu estoque, mas o movimento foi bom e ele vendeu 47 caixas de suco.

☐ Quantas caixas de suco ele comprou?

☐ Quantas caixas de suco restaram no estoque?

☐ Quantos bombons Jairo comprou?

Retomada

1. No porta-chaves de uma empresa cabem, no total, 100 chaves. Sem contar uma a uma, você acha que há mais de 50 chaves penduradas ou menos? Marque com um **X**.

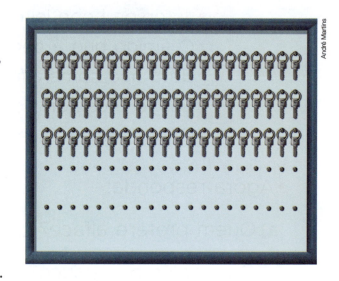

☐ Mais de 50 chaves.

☐ Menos de 50 chaves.

• Conte aos colegas como você fez para descobrir.

2. Decomponha os números de dois modos diferentes.

34	

109	

367	

24

3. Escreva por extenso os números da questão anterior.

a) 34 _____

b) 109 _____

c) 367 _____

4. Escolha quatro objetos usados na escola que tenham as seguintes medidas de comprimento: 1 cm, 10 cm, 50 cm e 1 m. Escreva abaixo o nome desses objetos, registrando do objeto mais curto para o mais comprido.

_____

_____

_____

5. De quantas unidades precisamos para formar uma dezena? De quantas dezenas precisamos para formar uma centena? Registre, no espaço abaixo, como você fez para responder a essas perguntas.

Periscópio

📖 Para ler

Brincando com números, de Massin. Ilustração de Os Gatos Pelados. São Paulo: Companhia das Letrinhas, 1995.

Fil e seu cão, Pipo, encontram alguns antigos conhecidos: os 10 algarismos. Só que, no livro, os algarismos se apresentam de um jeito diferente. Com esses novos amigos, Pipo e Fil experimentam aventuras e visitam outros povos. E passam a conhecer ainda mais os algarismos!

A festa dos números, de Domingos Pellegrini. São Paulo: Melhoramentos, 2005. (Algodão Doce).

Os números se reúnem e, no meio do encontro, cada um diz por que sua existência é importante. No decorrer da conversa, eles descobrem que, unidos, podem formar mais números ainda, e números cada vez maiores. Essa é a verdadeira festa dos números.

O macaco que calculava, de Anna Flora. Ilustração de Cláudio Martins. São Paulo: Formato, 2012. (Macaco disse).

Os macacos reuniram-se para conversar, e um deles pediu sugestões para solucionar um problema: como dividir duas bananas entre quatro macacos amigos sem ter briga? Em dúvida sobre como resolver o caso, foram pedir ajuda a um famoso matemático...

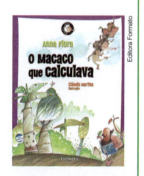

UNIDADE 2 — Quem é quem?

Será que você consegue descobrir o nome de cada criança que está brincando de roda? Siga as dicas!

- Thaís está de cabelo solto.
- Lígia está entre Humberto e Thaís.
- João usa boné e está de bermuda.
- Joana está de saia.
- Humberto está de calça comprida e dá as mãos para Lígia e André.
- Meire está de vestido e dá as mãos para Frederico e Joana.
- Frederico não está entre Meire e Tiago.

_____

_____

27

Representação de números com materiais diferentes

A professora do 3º ano pediu aos alunos que representassem o número 382 com o Material Dourado.

Veja como Maria fez.

Em seguida, a professora apresentou à turma um material diferente: o ábaco de pinos.

O **ábaco de pinos** funciona como uma máquina de calcular. Com ele podemos representar um número e realizar adições e subtrações. Em cada pino colocamos a quantidade de argolas que representam as unidades, as dezenas e as centenas.

Veja como podemos representar no ábaco o número 382 que Maria representou usando o Material Dourado:

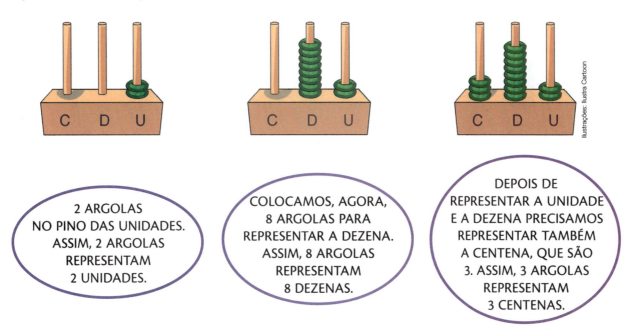

2 ARGOLAS NO PINO DAS UNIDADES. ASSIM, 2 ARGOLAS REPRESENTAM 2 UNIDADES.

COLOCAMOS, AGORA, 8 ARGOLAS PARA REPRESENTAR A DEZENA. ASSIM, 8 ARGOLAS REPRESENTAM 8 DEZENAS.

DEPOIS DE REPRESENTAR A UNIDADE E A DEZENA PRECISAMOS REPRESENTAR TAMBÉM A CENTENA, QUE SÃO 3. ASSIM, 3 ARGOLAS REPRESENTAM 3 CENTENAS.

Agora é a sua vez!

1. Utilize o ábaco para representar as quantidades indicadas. Depois desenhe argolas para registrá-las.

a) 87   b) 305   c) 194

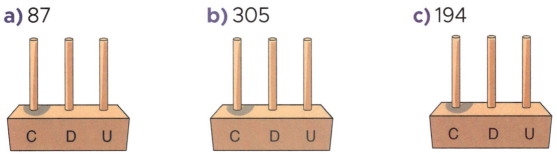

2. Usando algarismos, escreva a quantidade representada em cada ábaco.

a)   b)   c)

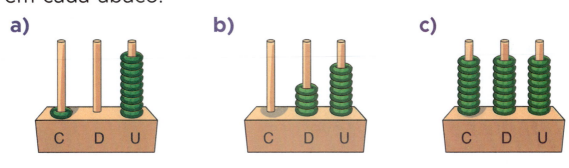

_____   _____   _____

29

3. Contorne o ábaco que representa a quantidade indicada.

   a) seiscentos e dois

   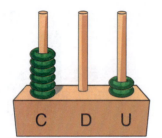 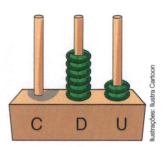

   Escreva, com algarismos, a quantidade representada no ábaco que você circulou: _____

   b) trinta e quatro

   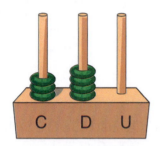 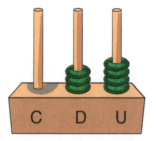

   Escreva, com algarismos, a quantidade representada no ábaco que você circulou: _____

   • Observe como podemos representar o número 382 usando fichas de números.

   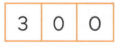

4. Recorte da página 249, do **Material complementar**, as fichas de números e represente os números a seguir.

   a) quatrocentos e noventa

   b) quatrocentos e nove

Antecessor e sucessor de um número

1. Observe o quadro numérico.

300	301	302	303	304	305	306	307	308	309
310	311	312	313	314	315	316	317	318	319
320	321	322	323	324	325	326	327	328	329
330	331	332	333	334	335	336	337	338	339
340	341	342	343	344	345	346	347	348	349
350	351	352	353	354	355	356	357	358	359
360	361	362	363	364	365	366	367	368	369
370	371	372	373	374	375	376	377	378	379
380	381	382	383	384	385	386	387	388	389
390	391	392	393	394	395	396	397	398	399

a) Quantos números aparecem no quadro?
b) O que você pode observar na coluna pintada de verde?
c) Observe a linha pintada de laranja. Qual é o intervalo numérico?

2. O quadro foi todo recortado! Preencha as partes com os números que faltam.

a)

	311	
320		322
		332

b)

314	315	316
	325	
334		

31

3. Em cada item, descubra o segredo e complete as sequências numéricas.

a) Segredo: _____.

| 103 | 203 | | | | | | | 903 |

b) Segredo: _____.

| 150 | 200 | | | | | | | 550 |

c) Segredo: _____.

| 456 | 406 | | 306 | | | | | 56 |

> O **antecessor** de um número é aquele que vem **imediatamente antes** dele e tem 1 unidade a menos que esse número.
> O **sucessor** de um número é aquele que vem **imediatamente depois** dele e tem 1 unidade a mais que esse número.

4. Observe o exemplo e complete o quadro.

Antecessor	Número	Sucessor
341	342	**343**
	364	
	390	
	356	
	380	

Maneiras de adicionar

Usando o ábaco

1. Veja abaixo como calcular **345 + 621** e siga os passos com seu ábaco.

    a) Inicialmente, representamos a primeira parcela da adição: **345**.

    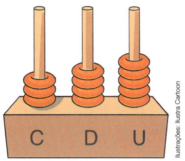

    b) Em seguida, acrescentamos as argolas que representam a segunda parcela: **621**.

    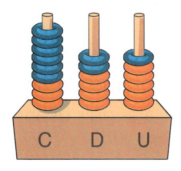

    c) Por fim, contamos a quantidade de argolas que há em cada pino para obter o resultado da adição. Complete com o resultado.

    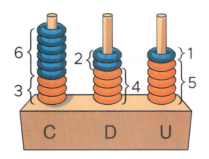

    ____ ____ ____

33

2. Use o ábaco para resolver as adições a seguir.

a) 123 + 321 = _____

c) 182 + 113 = _____

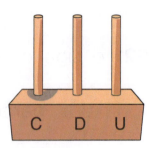
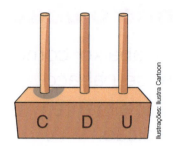

b) 72 + 127 = _____

d) 23 + 123 = _____

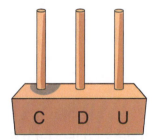
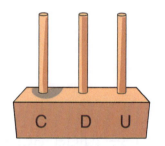

Uso do algoritmo

1. Agora, veja ao lado como efetuamos 345 + 621 com o algoritmo da adição:

```
  3 4 5
+ 6 2 1
-------
  9 6 6
```

• Resolva as adições a seguir usando o algoritmo da adição.

a)
```
  1 2 3
+ 3 2 1
-------
```

c)
```
  1 8 2
+ 1 1 3
-------
```

b)
```
    7 2
+ 1 2 7
-------
```

d)
```
    2 3
+ 1 2 3
-------
```

34

Provável ou improvável?

1. Observe a cena e responda: É provável ou improvável que isto aconteça? Marque com um **X** suas respostas.

a)

☐ Provável.

☐ Improvável.

c)

☐ Provável.

☐ Improvável.

b)

☐ Provável.

☐ Improvável.

d)

☐ Provável.

☐ Improvável.

• Comente com os colegas e o professor as respostas que você deu.

35

1. Hirome é produtor de flores. Veja como está florida a plantação deste ano!

a) Sem contar, estime quantas flores Hirome poderá vender.

☐ Menos de 200.

☐ Mais de 500 e menos de 1000.

☐ Menos de 500 e mais de 200.

b) Agora calcule e descubra quantas flores Hirome tem para vender.

Medir o tempo

Calendário

1. Veja nesta imagem um calendário especial.

- Você sabe quem fez esse calendário? Converse com os colegas e o professor para descobrir.

2. Este é o calendário circular. Vamos completar o que falta?

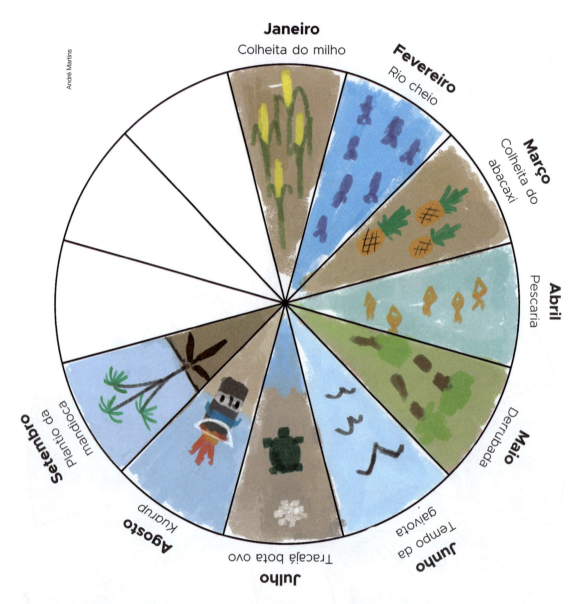

a) Até que mês o calendário está preenchido? _____

b) Que meses faltam no calendário? Consulte o calendário da atividade anterior e escreva o nome deles no calendário circular.

c) O que comemoramos no mês atual? Faça um desenho no seu calendário circular.

d) Pinte de amarelo o nome do mês do seu aniversário.

e) Pinte de azul o nome do primeiro mês do ano.

f) Pinte de verde o nome do último mês do ano.

38

3. Observe o calendário abaixo.

a) Quantos meses tem um ano? _____

b) Quais meses do ano têm apenas 30 dias? _____

_____

_____

c) Quais meses têm 31 dias?

_____

d) Quantos dias tem o mês de fevereiro no calendário mostrado? _____

> Um ano tem 365 dias. A cada 4 anos, o mês de fevereiro tem um dia a mais, o dia 29. Quando isso acontece, o ano passa a ter 366 dias e o chamamos de **ano bissexto**.

Os relógios

Você já sabe como se leem as horas?

O relógio que aparece nessa cena é chamado relógio de ponteiros ou **analógico**.

No relógio analógico, o ponteiro menor marca as horas e o ponteiro maior marca os minutos.

Neste relógio, o ponteiro menor aponta para o 5 e o maior aponta para o 12. Então, são 5 horas.

Sempre que o ponteiro maior aponta para o 12, a hora é exata.

1. Escreva as horas marcadas em cada relógio.

_____   _____   _____

40

2. Júlia viajou por 2 horas. Se ela saiu de casa às 4 horas da tarde, a que horas ela chegou a seu destino?

_____

3. Humberto trabalha como taxista. Ele saiu de casa às 8 horas da manhã. Voltou para almoçar ao meio-dia. Quanto tempo ele ficou trabalhando?

_____

4. João foi ao cinema. O filme começou às 8 horas da noite e acabou às 10 horas. Quanto tempo de duração tem o filme?

_____

Agora observe:

- Esse relógio marca 9 horas e 10 minutos. Costumamos dizer "nove e dez".

Um relógio apenas com números, sem ponteiros, é chamado de **relógio digital**.

O ponteiro dos minutos

Veja, no mostrador do relógio, como são contados os minutos. O mostrador é dividido em 60 partes iguais. Cada parte corresponde a 1 minuto.

41

5 horas e 5 minutos

O ponteiro dos minutos leva 5 minutos para passar de um número para o próximo, ou seja, para ele ir do número 12 para o número 1 é preciso que passem 5 minutos.

Depois, para o ponteiro dos minutos ir do 1 ao 2, é preciso que passem mais 5 minutos.

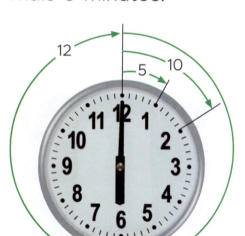

6 horas

5 horas e 10 minutos

E assim sucessivamente, até o ponteiro dos minutos completar uma volta completa em todo o relógio.

1 hora tem 60 minutos

1. Desenhe os ponteiros em cada relógio analógico, de acordo com a rotina de Regina.

- Regina acorda às 6 horas.

42

 • Ela entra na escola às 7 horas e 30 minutos ou sete e meia.

 • Depois, volta para casa às 12 horas e 30 minutos ou meio-dia e meia.

 • Regina janta às 19 horas ou sete horas da noite.

 • Ela dorme às 21 horas e 30 minutos ou nove e meia da noite.

2. Escolha uma atividade que você faz quando não está na escola, descreva essa atividade e marque no relógio o horário que ela acontece.

_____

_____

_____

43

3. Ligue o relógio digital ao relógio analógico que indica o mesmo horário.

4. Observe este relógio. Que horas ele estará marcando daqui:

a) 20 minutos? _____

b) 30 minutos? _____

c) uma hora? _____

5. Pense em um horário qualquer. Em seguida, desenhe os ponteiros no relógio analógico abaixo. Depois, marque os números no relógio digital para representar esse horário.

6. Para descobrir o tempo em minutos, basta multiplicar por 5 os algarismos do relógio analógico. Veja:

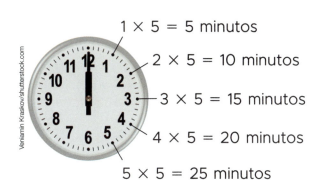

- Agora, complete o quadro usando essa dica.

Posição do ponteiro maior	Minutos
1	5 minutos
2	
3	
4	
5	
6	
7	
	60 minutos

45

Cálculo mental

1. Complete os quadros.

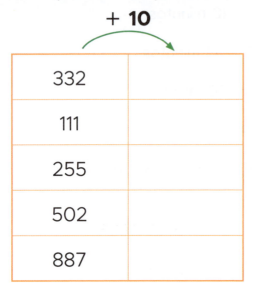

- Agora responda:

   a) No primeiro quadro, o que você observou entre a primeira coluna e a segunda? _____

   _____

   b) No segundo quadro, o que você observou entre a primeira coluna e a segunda? _____

   _____

2. Complete cada reta numérica com os números que faltam.

   a)
   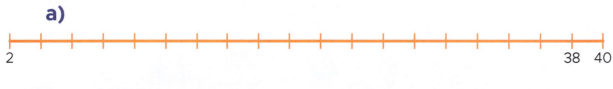

   b)

Coleção de problemas

1. Leia o problema abaixo.

Bicharada machucada

O sapo Josué
Tem 4 feridas no pé.
O urso Rodrigo
tem 1 machucado no umbigo.
O macaco Manuelão
Tem 5 cortes em cada mão.
Todo corte, ferida ou machucado
Com bandeide precisa ser tratado.
Pra desses doentes cuidar,
De quantos curativos vamos precisar?

Renata Bueno. *Poemas problemas.*
São Paulo: Editora do Brasil, 2012. p. 6.

a) Qual é a pergunta que o problema faz?

_____

_____

b) Reconte essa história com suas próprias palavras. Depois, resolva o problema.

_____

2. Fábio coleciona figurinhas de times de futebol do mundo todo. Ele tem 36 figurinhas de times da América do Sul e 32 figurinhas de times da Europa. Quantas figurinhas Fábio tem ao todo?

_____

3. Em uma escola estudam 103 meninos e 122 meninas. Quantos alunos há nessa escola no total?

___

4. De um aeroporto partem, diariamente, 103 voos da companhia aérea Voe Bem e 245 voos da companhia Voe Melhor. Quantos voos partem desse aeroporto por dia?

___

5. Numa praça havia 17 crianças brincando. Mais tarde, chegaram outras querendo entrar na brincadeira. O grupo ficou com 27 crianças. Quantas foram as crianças que chegaram mais tarde?

___

6. Próximo à casa de Michele há uma biblioteca municipal. Veja na cena a seguir o horário de funcionamento dessa biblioteca e responda às questões.

Dia da semana	Horário
Domingo	Fechada
Segunda-feira	8h às 12h e 13h às 17h
Terça-feira	9h às 13h e 14h às 18h
Quarta-feira	9h às 13h e 14h às 18h
Quinta-feira	9h às 13h e 14h às 18h
Sexta-feira	9h às 13h e 14h às 18h
Sábado	8h às 13h

a) Em que dia, ou dias, da semana essa cena pode ter acontecido?

_____

b) Em que dias da semana a biblioteca fica aberta por mais tempo? E por menos tempo?

_____

c) Há algum dia em que a biblioteca não abre? Qual?

_____

d) Invente uma pergunta que possa ser respondida consultando a tabela de horário de funcionamento da biblioteca. Depois, troque o livro com um colega para vocês responderem um à pergunta do outro.

_____

_____

_____

49

Retomada

1. Represente os números a seguir de três modos diferentes. Para isso, use o Material Dourado, as fichas de números e o ábaco.

   a) 182

Material Dourado	Fichas de números	Ábaco

   b) 308

Material Dourado	Fichas de números	Ábaco

2. Eduardo entra na escola às 7 horas da manhã e sai ao meio-dia. Quanto tempo ele fica na escola?

3. Determine o sucessor e o antecessor dos números a seguir.

Antecessor	Número	Sucessor
57	58	59
	100	
	99	
	199	
	10	
	290	

4. Pedro está fazendo um delicioso pão integral. Depois de colocar a massa na assadeira, ele precisa deixá-la no forno por 30 minutos. Veja no relógio a hora que Pedro colocou a assadeira no forno.

- A que horas o pão ficará pronto?

_____

5. Escreva as horas indicadas em cada relógio.

a) 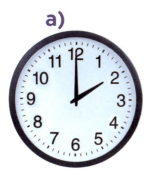   b)    c)    d)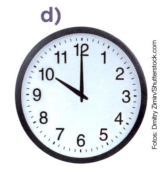

51

Periscópio

📖 Para ler

Poemas problemas, de Renata Bueno. São Paulo: Editora do Brasil, 2012.
Charadas, enigmas e contas com rimas? Nesse livro, a Matemática se apresenta em forma de poesia, e poemas tornam-se problemas matemáticos.

A casa dos relógios, de Flávio Carneiro. São Paulo: FTD, 1999. (Doces Delírios).
Rita não gostava nada de relógios. Um dia, para deixar essa situação mais complicada, a menina conheceu um despertador inconveniente, que ficava acordando todo mundo nos momentos mais absurdos.

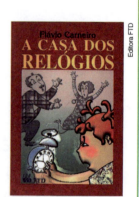

O galo cantou por engano, de Gloria Kirinus. Ilustração de Cris Eich. São Paulo: DCL, 2014.
Um eclipse solar deixa um galo confuso: o animal começa a cantar fora do horário de costume. O livro descreve de forma poética o que acontece naquele dia.

Eu e os números

A professora Lidiane fez um diagrama com números de sua vida. Veja:

Nós temos **1** cãozinho de estimação.

Sou Lidiane. Esta é a minha vida em números.

Tenho **2** filhas, elas se chamam Júlia e Beatriz.

Meu número favorito é o **7**.

Faço aniversário em **12** de outubro.

Tenho **3** irmãos.

Nasci em **1984**.

Minha bisavó tem **100** anos.

Que tal contar um pouco de você usando números?

53

Gráficos e tabelas

Sabor de suco	Dias da semana						
	Domingo	Segunda-feira	Terça-feira	Quarta-feira	Quinta-feira	Sexta-feira	Sábado
Laranja	45	18	28	30	35	40	60
Limão	20	6	13	18	20	22	33

Fonte: Dados fictícios.

1. Construa um gráfico com base na tabela acima, feita por Dona Cristina. Observe que as colunas que representam a venda de suco no domingo já foram compostas. Insira os dados dos outros dias da semana.

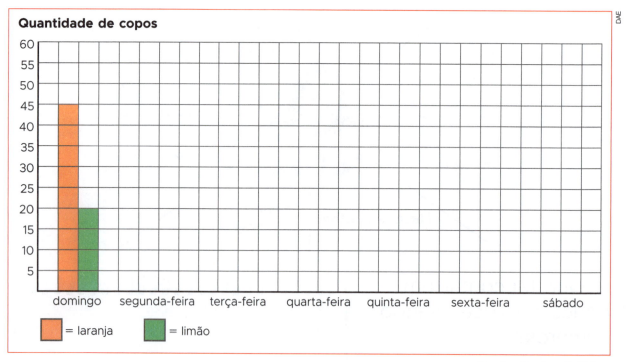

Fonte: Dados fictícios.

• Que título você daria ao gráfico? _____

2. Quantos copos de suco de laranja Dona Cristina vendeu de quinta-feira a sábado? E suco de limão? _____

_____

3. Quantos copos de suco de laranja Dona Cristina vendeu esta semana, de segunda-feira a quarta-feira? E suco de limão?

_____

4. Em quais dias Dona Cristina vendeu mais suco: de quinta-feira a sábado ou de segunda-feira a quarta-feira?

_____

5. Para fazer um copo de suco de laranja são necessárias, aproximadamente, 4 laranjas. Quantas laranjas foram utilizadas:

a) no sábado?

_____

b) no domingo?

_____

Figuras planas

Veja essa obra do artista Paul Klee.

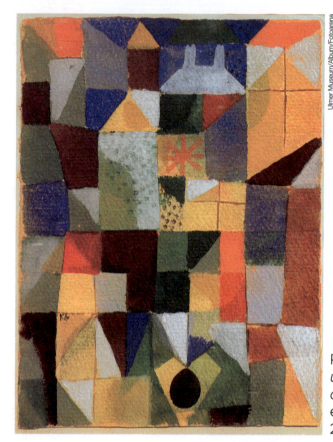

Paul Klee. *Composição urbana com janelas amarelas*, 1919. Aquarela em papel cartão, 29,9 cm × 22,3 cm.

1. Que figuras planas você consegue ver nessa obra?

2. Junte-se com um colega e escolha três figuras da obra para descrever. Você deve citar as características das figuras e seu amigo deve descobrir que figura é. Depois, ele fará o mesmo. Anote as características no quadro abaixo.

Nome da figura	Características da figura

Dobraduras e formas

Que tal aprender a fazer um gato de dobradura? Observe o passo a passo a seguir.

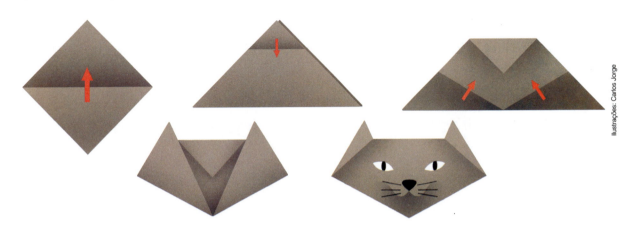

Depois, sente-se com um colega e descrevam as figuras que aparecem em algumas etapas pelas quais vocês passaram.

Etapas	Figuras planas

Agora vamos lá! Você e seu colega devem seguir os passos para montar o gato. Aproveite para observar que figuras aparecem em cada etapa.

Quando terminar, escolha um nome para seu gatinho e ajude o professor a construir um painel na sala de aula com as dobraduras da turma.

57

1. Complete as lacunas:

   a) O quadrado é uma figura plana com ___ lados e ___ vértices.

   b) O triângulo é uma figura plana com ___ lados e ___ vértices.

   c) O trapézio é um figura plana com ___ lados e ___ vértices.

   > O quadrado e o trapézio são figuras de 4 lados. Veja a seguir outras figuras de 4 lados.
   >
   > • Um paralelogramo tem 4 lados e 4 vértices.
   >
   > • Um retângulo tem 4 lados e 4 vértices.
   >
   > • Um losango tem 4 lados e 4 vértices.

2. Desenhe as figuras planas na malha pontilhada usando a régua.

   a) quadrado

   b) trapézio

   c) triângulo

   d) losango

   e) retângulo

   f) escolha uma figura plana

Jogo

Qual é a propriedade da figura?

Participantes:
- 3 alunos

Material:
- cartas disponíveis na página 251 do **Material complementar**.

Regras:

1. Recorte as cartas do jogo. As cartas com as propriedades das figuras devem ser embaralhadas e distribuídas igualmente para cada jogador.

2. Uma carta com a figura plana deve ser sorteada, e cada jogador deverá selecionar entre suas cartas aquelas que correspondem às propriedades da figura.

3. Cada carta de propriedade selecionada vale um ponto para o jogador.

4. A cada rodada, uma nova figura é sorteada, e é feita nova distribuição das cartas de propriedades. Esse processo deve repetir-se por 6 vezes.

5. Vence o jogador que, ao final, obtiver maior número de pontos.

Subtração

Uma fábrica confeccionou 679 bonecas. Desse total, 336 eram de pano e o restante de plástico. Quantas bonecas eram de plástico?

Veja como Rafael resolveu essa situação-problema.

679 − 336:

Veja como Laura fez a mesma operação.

1. Escolha um material para representar e resolver as subtrações abaixo.

   a) 189 − 73 = _____

   b) 234 − 101 = _____

   c) 589 − 256 = _____

   • Veja como a subtração 190 − 170 pode ser representada na reta numérica.

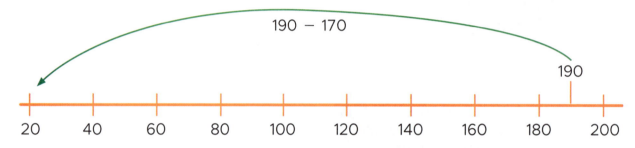

   • Veja que partimos do 190, deslocamos 170 unidades para a esquerda e chegamos ao 20.

2. Agora, faça o mesmo para as seguintes subtrações:

   a) 240 − 100

   • Partimos do 240, deslocamos _____ unidades para a esquerda e chegamos ao _____.

   b) 590 − 230

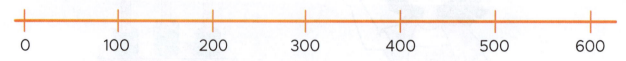

   • Partimos do 590, deslocamos _____ unidades para a esquerda e chegamos ao _____.

A professora desafiou os alunos a resolver a subtração 82 − 21 sem o uso de material.

Júlia resolveu da seguinte maneira:
82 − 21 =
−20
−10   −10
82 72 62 − 1 = 61

Luís resolveu da seguinte maneira:
82 − 21 = 82 − 20 − 1
62 − 1 = 61

3. Escolha uma das estratégias acima e resolva as subtrações:

a) 68 − 46 = _____

c) 425 − 123 = _____

b) 97 − 63 = _____

d) 157 − 36 = _____

• Podemos representar uma subtração com o algoritmo convencional.

```
    5 2  ← Minuendo
  − 1 2  ← Subtraendo
  ─────
    4 0  ← Resto ou diferença
```

4. Resolva as subtrações a seguir usando o algoritmo convencional.

a) 598 − 126 = _____

b) 161 − 50 = _____

63

As ideias da subtração

1. Resolva os problemas a seguir.

   a) Igor tinha 55 figurinhas, mas perdeu 15. Com quantas figurinhas ele ficou?

   _____

   b) Igor tem um álbum com 55 figurinhas ao todo. Ele já conseguiu colar 15 figurinhas. Quantas ainda faltam para ele completar o álbum?

   _____

   c) Igor tem 55 figurinhas e Lucas tem 15. Quantas figurinhas Igor tem a mais que Lucas?

   _____

   d) Igor tem 55 figurinhas e Lucas tem 15. Quantas figurinhas Lucas tem a menos que Igor?

   _____

2. Com base nos problemas da atividade anterior, complete cada item com as palavras abaixo.

perde	menos	a mais	a menos
completar	faltam	compara a quantidade	subtração

a) No problema do item **a**, Igor _____ as figurinhas e acaba ficando com _____ figurinhas.

b) No problema do item **b**, Igor precisa saber quantas figurinhas _____ para ele _____ o álbum.

c) No problema do item **c**, Igor _____ de figurinhas que ele tem com um colega. Ele descobre que tem 40 figurinhas _____ que seu colega.

d) No problema do item **d**, Igor _____ de figurinhas com Lucas e descobre que seu amigo tem 40 figurinhas _____ que ele.

e) Todos os problemas foram resolvidos por uma _____.

3. Sente-se com um colega e, juntos, escrevam o texto de um problema no qual apareça a palavra "faltam".

_____

_____

_____

4. Usando a reta numérica, mostre uma representação para a seguinte operação:

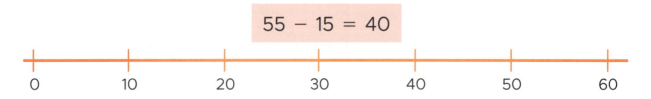

$$55 - 15 = 40$$

5. Natália e Renato estavam resolvendo um exercício parecido com esse, mas o resultado era 55. Eles encontraram as seguintes sentenças:

75 − 20 = 55   100 − 45 = 55
155 − 100 = 55   60 − 5 = 55

RENATO, SE 75 − 20 = 55 E 155 − 100 = 55, ENTÃO 75 − 20 É IGUAL A 155 − 100.

UAU, NATÁLIA! É MESMO! ENTÃO 60 − 5 É IGUAL A 100 − 45.

a) Sente-se com um colega e tentem fazer o mesmo que Natália e Renato, para as sentenças de subtração com resultado 40.

b) Veja estas sentenças e escreva as igualdades como fizeram Natália e Renato.

- 45 − 30 = 15
- 99 − 30 = 69
- 100 − 15 = 85
- 169 − 100 = 69
- 305 − 220 = 85
- 130 − 115 = 15

Sistema de numeração decimal

1. Pinte de:

🍁 os quadradinhos com os números maiores que 431 e menores que 439.

🍃 os quadradinhos com os números menores que 409.

🍃 os quadradinhos com os números terminados em zero.

🍃 os quadradinhos com os números terminados em 9.

400	401	402	403	404	405	406	407	408	409
410	411	412	413	414	415	416	417	418	419
420	421	422	423	424	425	426	427	428	429
430	431	432	433	434	435	436	437	438	439
440	441	442	443	444	445	446	447	448	449
450	451	452	453	454	455	456	457	458	459
460	461	462	463	464	465	466	467	468	469
470	471	472	473	474	475	476	477	478	479
480	481	482	483	484	485	486	487	488	489
490	491	492	493	494	495	496	497	498	499

2. Consulte o quadro numérico e responda às questões a seguir.

a) Qual é o número que tem o algarismo das unidades 8, das dezenas 3 e das centenas 4? _____

b) Qual é o número que possui 40 dezenas e 7 unidades?

_____

c) Qual é o número que tem o algarismo das unidades 9, das dezenas 9 e das centenas 4? _____

3. Escreva os números a seguir por extenso.

a) 402 _____

b) 428 _____

c) 479 _____

Para representar o número 583, Juliana usou fichas:

Escrita aditiva: 500 + 80 + 3.

4. Faça como Juliana e use as fichas de números para compor os números a seguir. Depois, escreva uma adição para representar cada um deles.

a) Quatrocentos e trinta _____

b) Duzentos e vinte e dois _____

c) Cento e oito _____

d) Trezentos e noventa e quatro _____

e) Quatrocentos e oitenta e um _____

5. Localize na reta numérica os números formados por Bruno:

COM OS ALGARISMOS 1, 2 E 3 CONSEGUI FORMAR OS SEGUINTES NÚMEROS: 123, 132, 213, 231, 312 E 321.

6. Forme números usando os algarismos 7, 8 e 9.

_____

• Agora contorne o maior número que você formou e o localize na reta numérica.

Cálculo mental

1. Calcule.

a) 10 − ____ = 1   c) 10 − ____ = 6   e) 10 − ____ = 9

b) 10 − ____ = 3   d) 10 − ____ = 7   f) 10 − ____ = 0

2. Descubra o segredo e continue as sequências abaixo.

a) 2 7 ☐ ☐ ☐ ☐ ☐ 42

b) 5 10 ☐ ☐ ☐ 35

c) 3 8 ☐ ☐ ☐ 33

• O que todas as sequências têm em comum?

_____

Coleção de problemas

1. Leia a situação-problema abaixo para responder às questões.

• A centopeia Astrogilda já andou 224 metros e ainda faltam 374 metros para chegar à casa de sua prima Detragilda. Quantos metros totalizam a viagem de Astrogilda?

a) Quem é Astrogilda?

_____

b) No problema, o que o número 224 representa?

_____

c) E o número 374?

_____

d) Qual é a pergunta do problema?

_____

e) Qual é a resposta para essa pergunta?

_____

2. Responda às adivinhas a seguir.

a)

PENSEI EM UM NÚMERO. SUBTRAÍ 5 E A DIFERENÇA FOI 15. EM QUE NÚMERO PENSEI?

b) PENSEI EM UM NÚMERO. SUBTRAÍ 10 E A DIFERENÇA FOI 15. EM QUE NÚMERO PENSEI?

_____

c) PENSEI EM UM NÚMERO. ADICIONEI 4 E O TOTAL FOI 10. EM QUE NÚMERO PENSEI?

_____

d) PENSEI EM UM NÚMERO. ADICIONEI 2 E O TOTAL FOI 10. EM QUE NÚMERO PENSEI?

_____

Ilustrações: Marco Cortez

3. Crie uma adivinha como essas que você acabou de resolver. Peça a um amigo que a responda.

_____

_____

_____

_____

Retomada

1. As crianças da rua de Laurinda registraram a idade delas em um gráfico. Para saber a idade de cada criança, é só considerar um quadradinho para cada ano. Veja:

Idade das crianças

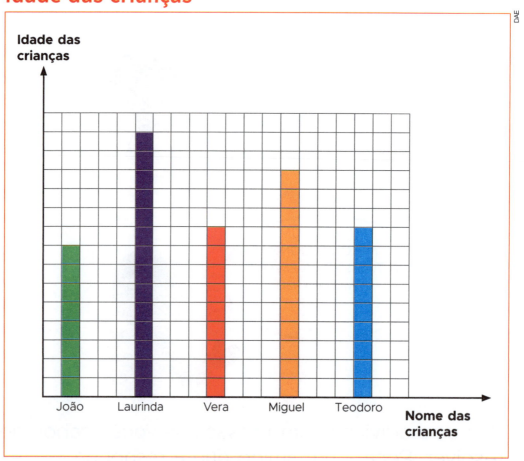

Fonte: Dados fictícios.

• Agora, complete.

Laurinda é a mais velha do grupo, ela tem _____ anos.

Vera e _____ têm a mesma idade. Eles são _____ ano mais velhos que João, que tem _____ anos e é o mais novo do grupo.

2. Faça a correspondência corretamente.

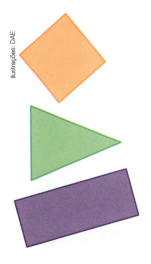

4 lados

3 vértices

4 vértices

3 lados

3. Resolva as subtrações com o auxílio do seu ábaco.

a) 183 − 72 = _____

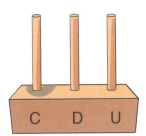

b) 528 − 324 = _____

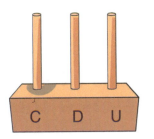

c) 346 − 204 = _____

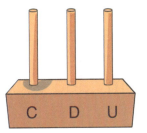

d) 678 − 526 = _____

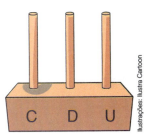

e) 283 − 161 = _____

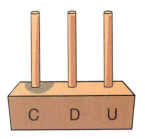

f) 799 − 423 = _____

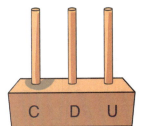

Construir um mundo melhor

Brincar e integrar

A turma de Liliane criou uma brincadeira chamada **cada um no seu quadrado**. Veja o desenho que as crianças fizeram no pátio da escola.

Observe a situação da imagem.

Você se imagina dentro de um quadrado ou fora da brincadeira? Pense como seria estar fora da brincadeira, querendo entrar, mas não encontrando lugar.

É essa a situação que muitas pessoas vivem quando não podem participar de brincadeiras, festas e outros acontecimentos.

O fotógrafo inglês James Mollison passou por momentos parecidos na infância e sofreu muito com isso. Então, depois de adulto, ele resolveu fotografar cenas de recreio em escolas da Inglaterra para ver como as crianças se relacionavam. E teve uma surpresa: descobriu que em cada escola as crianças brincavam e se relacionavam de maneira diferente.

Aí ele partiu para outros países e encontrou realidades bem contrastantes.

Veja algumas das fotografias que ele tirou.

Escola de Ensino Fundamental em Tóquio, Japão.

Escola de Ensino Fundamental em Freetown, Serra Leoa.

Escola de Ensino Fundamental em Massachusetts, EUA.

Escola para meninos em Aida, Cisjordânia.

É claro que as situações retratadas são muito diferentes, mas em cada uma é possível que algumas crianças se sentissem excluídas. Também é possível que todas as crianças sejam integradas.

Na situação inicial desta seção, para participar da brincadeira, cada criança fica em um quadrado.

Ocupando o mesmo espaço, como o desenho no chão poderia ser feito para que todas as crianças tenham a chance de entrar?

75

Periscópio

📕 Para ler

Os problemas da família Gorgonzola, de Eva Furnari. São Paulo: Moderna, 2005.
Livro interativo que mostra como a Matemática ajuda a resolver problemas comuns do dia a dia. A autora ainda apresenta um teste para o leitor avaliar como é sua inteligência matemática.

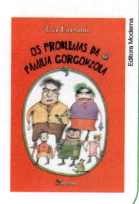

UNIDADE 4
Detetive dos pares

1. Ligue as figuras a seguir que formam pares.

- Agora responda:
  a) Quantos pares de objetos você encontrou?
  b) Quantos objetos ficaram sem par?

Par ou ímpar?

1. Algumas crianças participarão de uma competição de tênis em duplas. Observe a cena abaixo.

a) Quantas crianças participarão do campeonato? _____

b) Contorne as duplas que podem ser formadas.

c) Todos os alunos têm um par?

☐ Sim.   ☐ Não.

d) Quantas crianças ficaram sem par? _____

e) Quantas crianças precisam entrar para que seja formada mais uma dupla? _____

f) Então quantas duplas ou pares serão formados? _____

> Podemos dizer que 12 é um número par, porque conseguimos formar ____ grupos de 2 crianças cada sem sobrar nenhuma criança; já o número 11 é um número ímpar, porque formamos ____ grupos de 2 crianças cada e sobrou 1 criança.
>
> Portanto, os números pares são aqueles que, quando divididos por 2, sempre terão resto zero; e os números ímpares são aqueles que, quando divididos por 2, sempre terão resto 1.
>
> 12 é par porque 12 ÷ 2 = 6 e o resto é 0
> 11 é ímpar porque 11 ÷ 2 = 5 e o resto é 1

78

2. Conte a quantidade de estrelas de cada item e forme grupos com 2 estrelas cada. Em seguida, responda às perguntas e complete as frases com **par** ou **ímpar**.

a) ★★★★

- Quantos grupos você formou? _____
- Sobrou alguma estrela?
  ☐ Sim. ☐ Não.
- Então, _____ é _____.

b) ★★★★★★★★★★★★★★★★★★★

- Quantos grupos você formou? _____
- Sobrou alguma estrela?
  ☐ Sim. ☐ Não.
- Então, _____ é _____.

c) ★★★★★★★★★

- Quantos grupos você formou? _____
- Sobrou alguma estrela?
  ☐ Sim. ☐ Não.
- Então, _____ é _____.

d) ★

- Quantos grupos você formou? _____
- Sobrou alguma estrela?
  ☐ Sim. ☐ Não.
- Então, _____ é _____.

e) ★★★★★★★★★★★★★★★

- Quantos grupos você formou? _____
- Sobrou alguma estrela?
  ☐ Sim.   ☐ Não.

- Então, _____ é _____.

f) ★★★★★★★★★

- Quantos grupos você formou? _____
- Sobrou alguma estrela?
  ☐ Sim.   ☐ Não.

- Então, _____ é _____.

3. A turma em que Pedro e Henrique estudam começará a brincar de **pega-pega**. Eles precisam decidir quem será o pegador. Para isso, resolveram jogar **par ou ímpar**. Você conhece esse jeito de decidir quem começa? Pedro pediu par e Henrique pediu ímpar. Veja:

a) Qual dos meninos está certo? _____

b) Explique sua escolha. _____

_____

◈ Possibilidade

Em um jogo de **par ou ímpar**, quais são as chances de ganhar quem escolher par?

1. Junte-se a um colega e joguem **par ou ímpar** 10 vezes. Anotem o resultado de cada rodada nos quadros abaixo.

Rodada	Par	Ímpar
1ª		
2ª		
3ª		
4ª		
5ª		

Rodada	Par	Ímpar
6ª		
7ª		
8ª		
9ª		
10ª		

• Agora, consultem os quadros para responder às perguntas.

a) O que saiu mais: par ou ímpar? O que saiu menos?

_____

b) Comparem os quadros que vocês preencheram com os de outras duplas. Eles estão iguais?

_____

_____

Adição com reagrupamento

Você já sabe que a cada 10 unidades temos uma dezena.

Quando temos 10 dezenas, podemos trocá-las por 1 centena.

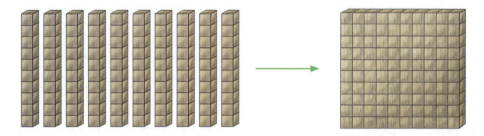

Podemos observar como funciona essa troca no ábaco de pinos: a cada 10 argolas no pino das unidades, podemos trocá-las por 1 argola no pino das dezenas; e a cada 10 argolas no pino das dezenas, podemos trocá-las por 1 argola no pino das centenas.

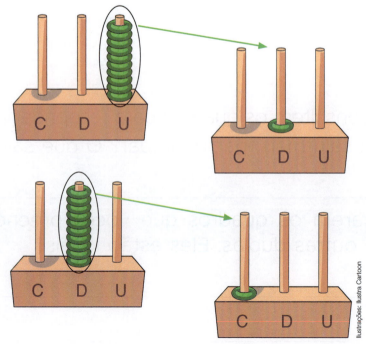

Rosana resolveu a adição usando o ábaco de pinos.

1 Primeiro ela representou o número 164.

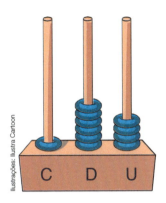

2 Depois ela acrescentou 97.

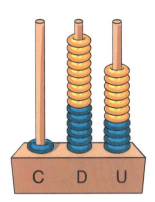

3 Quando as duas representações estavam prontas, ela começou a contagem pelas unidades, trocando 10 unidades por 1 dezena.

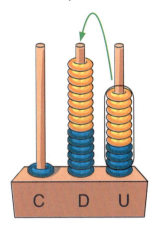

4 Depois ela trocou 10 dezenas por 1 centena.

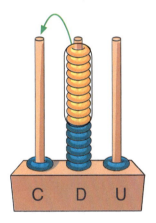

5 Ao final, ela pôde saber o valor de 164 + 97.

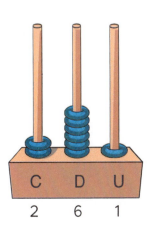

83

1. Use o seu ábaco para resolver as adições abaixo. Depois represente as operações realizadas.

a) 197 + 36 = _____

d) 205 + 86 = _____

b) 348 + 64 = _____

e) 173 + 159 = _____

c) 565 + 255 = _____

f) 263 + 188 = _____

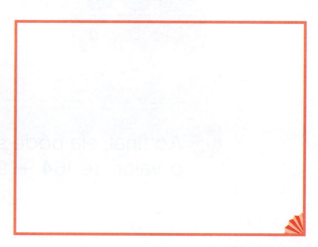

Cálculo mental

1. Complete as sequências.

a)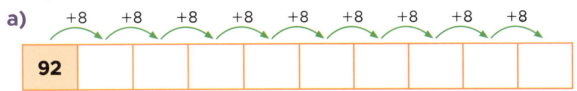

b)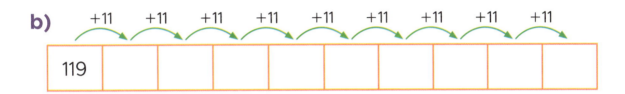

c)

d)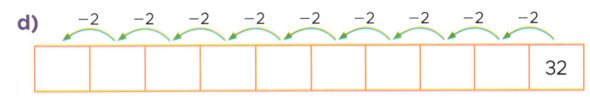

2. Enzo descobriu uma maneira de calcular mentalmente algumas adições.

85

Faça como Enzo e resolva as adições a seguir.

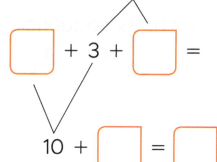
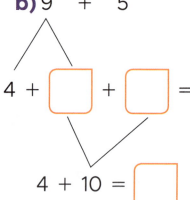
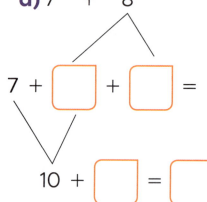

3. Escreva somente o resultado das operações que o professor vai ditar.

a) _____

b) _____

c) _____

d) _____

e) _____

f) _____

g) _____

Percepção espacial

Marisa e Caio estão brincando. Veja:

> VAMOS BRINCAR DE IMITAÇÃO? SE EU LEVANTAR A MÃO DIREITA, VOCÊ TAMBÉM TEM QUE LEVANTAR A SUA.

> ESSA NÃO É A SUA MÃO DIREITA!

1. Você acha que Marisa está certa? Por quê? Converse a esse respeito com o professor e os colegas.

2. Junte-se a um colega e, um de frente para o outro, façam os movimentos indicados pelo professor.

   - Depois de brincar, troquem ideias: Que movimentos vocês conseguiram fazer com mais facilidade? O que foi mais difícil? Como cada um faz para saber qual é seu lado direito? E o esquerdo? Vamos escrever uma lista com essas dicas?

   _____
   _____
   _____
   _____
   _____

87

3. Observe esta sala de aula:

Complete:

a) A criança à direita de Helena é _____.

b) A criança à esquerda de Helena é _____.

c) Renan está entre _____ e _____.

d) Paulo está na frente de _____ e atrás de

_____.

e) Leandro está à direita de _____ e à esquerda

de _____.

f) Eu sou _____ e estou na frente de Daniel.

Brincadeira

Registrando um percurso

Participantes:

- 2 alunos.

Modo de brincar

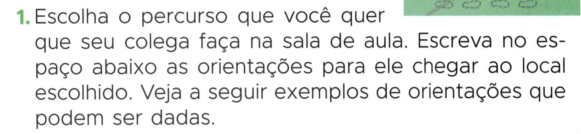

1. Escolha o percurso que você quer que seu colega faça na sala de aula. Escreva no espaço abaixo as orientações para ele chegar ao local escolhido. Veja a seguir exemplos de orientações que podem ser dadas.

- Dê três passos para a frente.
- Dê um passo para trás.
- Vire à esquerda.

_____
_____
_____
_____
_____
_____
_____

2. Instrua o colega a seguir suas orientações para que ele não saia do percurso.

3. Quando ele terminar o percurso, será a vez dele de fazer o mesmo com você.

4. Para finalizar a brincadeira, escolha um dos percursos (o seu ou o do colega) e registre-o com um desenho.

Giramundo

Ecolocalização

Você já ouviu falar de **ecolocalização**? Essa palavrinha complicada é o nome dado ao sistema que os golfinhos utilizam para não se perder.

Os golfinhos emitem um som que percorre a água, e é refletido por objetos e outros animais que se encontram no caminho. É desse modo que os golfinhos conseguem mapear o ambiente.

Mesmo sendo capazes de identificar objetos bem pequenos, infelizmente muitos golfinhos ficam presos em redes de pesca, e vários acabam morrendo. Por isso é importante a conscientização dos pescadores.

Existem outros animais que utilizam o sistema de ecolocalização? Você sabe quais são? Converse com os colegas e o professor.

Coleção de problemas

1. Leia o problema e responda às questões.

João ganhou 6 chaveiros de sua madrinha, 12 figurinhas de sua mãe e 15 figurinhas de seu pai. Quantas figurinhas ele ganhou?

a) Quem deu figurinhas para João?

b) Quais são os números que aparecem nesse problema? O que cada um deles significa? Responda no quadro a seguir.

Número	Significado

c) O que se pretende saber com a pergunta do problema?

d) O que você precisará fazer para descobrir a resposta do problema?

2. Janaína e Ricardo estão brincando de fazer charadas.

- Complete a sentença.

   Janaína pensou no número _____ e Ricardo pensou no número _____.

3. (Inep) Observe a figura a seguir. Ela representa o quarto de Lena, Lisa e Nina visto de cima.

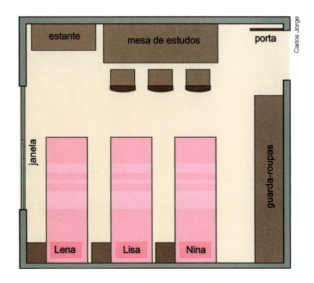

De acordo com essa vista, que móvel fica mais distante da janela do quarto?

a) Guarda-roupas.

b) Estante.

c) Mesa de estudos.

d) Cama de Lena.

Retomada

1. Decomponha os números como no exemplo.

   a) 145 = 100 + 40 + 5

   b) 276 = _____

   c) 943 = _____

   d) 751 = _____

   e) 596 = _____

   f) 180 = _____

   g) 183 = _____

   h) 549 = _____

   i) 876 = _____

   j) 259 = _____

2. Resolva as adições usando o procedimento que achar melhor.

   a) 564 + 166 = _____

   b) 787 + 163 = _____

   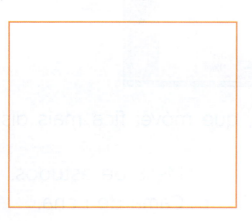

   c) 938 + 56 = _____

   d) 827 + 77 = _____

3. Observe o quadro numérico. Somente alguns números já estão coloridos. Descubra o segredo e continue pintando.

1	**2**	3	**4**	5	**6**	7	**8**	9	10
11	12	13	14	15	16	17	18	19	20
21	22	23	24	25	26	27	28	29	30
31	32	33	34	35	36	37	38	39	40
41	42	43	44	45	46	47	48	49	50
51	52	53	54	55	56	57	58	59	60
61	62	63	64	65	66	67	68	69	70
71	72	73	74	75	76	77	78	79	80
81	82	83	84	85	86	87	88	89	90
91	92	93	94	95	96	97	98	99	100

a) Qual é o segredo da sequência de números que você pintou?

_____

b) Os números que você pintou são pares ou ímpares?

_____

Periscópio

📖 Para ler

Bem-me-quer, **mal-me-quer! Margarida par ou margarida ímpar?**, de Atilio Bari. São Paulo: Scipione, 2001.

O livro faz parte da coleção Em Cena, que apresenta, por meio de seus personagens Risonho, Lindinha e Bacana, aspectos interessantes da Matemática. As historietas de cada volume podem ser utilizadas para montar pequenas peças de teatro. Nesse volume, às voltas com os desafios da brincadeira bem-me-quer, mal-me-quer, os amigos falam de números pares e ímpares.

Adivinhe se puder, de Eva Furnari. São Paulo: Moderna, 2011.

Livro com adivinhas para o leitor treinar, de maneira divertida, tanto a agilidade mental como a expressão oral.

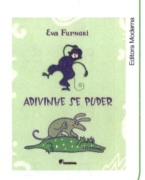

Unidade 5 — Medidas na cozinha

1. Leia a lista de ingredientes que a merendeira da escola recebeu para preparar um bolo de cenoura.

Ingredientes:
- alguns ovos;
- um pouco de farinha;
- uma porção de açúcar igual à de farinha;
- menos óleo do que farinha;
- uma cenoura e outra cenoura;
- muito pouco fermento.

a) O que há de errado com essa lista?

_____

b) Utilize os indicadores abaixo e reescreva a lista para ajudar a merendeira. As imagens não estão representadas em proporção.

$1\frac{1}{1} \quad 2\frac{2}{4} \quad 2$

_____
_____
_____
_____

Subtração com troca

A professora do 3º ano apresentou o seguinte problema para a turma resolver:

> Rafael faz biscoitos integrais muito gostosos. Ontem, ele fez 33 biscoitos e organizou tudo em cima de uma bancada. Ao colocar os biscoitos na caixa, Rafael acabou derrubando 17 no chão. Quantos biscoitos ele colocou na caixa?

Para resolver esse problema, Manuela utilizou o Material Dourado. Veja:

AGORA SÓ PRECISO TIRAR 17 DOS 33.

Foi então que apareceu a dúvida: Como fazer para tirar 7 unidades de 3? A professora explicou:

NÃO CONSEGUIMOS TIRAR 7 UNIDADES DE 3. MAS PODEMOS TROCAR UMA BARRA DA DEZENA POR 10 UNIDADES.

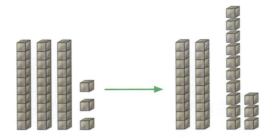

Então, teremos 13 cubinhos de unidade e 2 barras de dezena, porque uma foi trocada por 10 unidades.

AGORA PODEMOS RETIRAR AS UNIDADES. BASTA RISCAR 7 CUBINHOS.

Quando retiramos 7 unidades de 13, ficamos com 6 unidades.

AGORA PRECISAMOS RETIRAR AS DEZENAS. SE SÃO 2 DEZENAS E PRECISO RETIRAR UMA, BASTA EU RISCAR.

Pronto! 33 − 17 = 16

Já Carlos Eduardo resolveu o problema utilizando o ábaco.

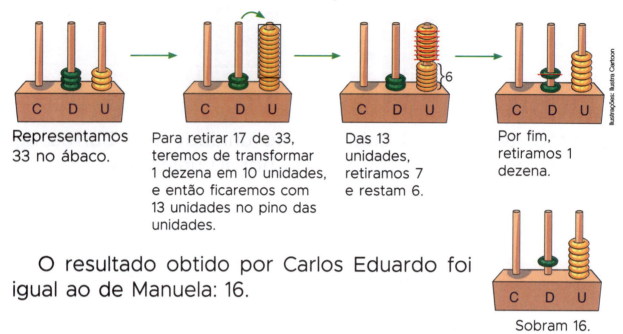

Representamos 33 no ábaco.

Para retirar 17 de 33, teremos de transformar 1 dezena em 10 unidades, e então ficaremos com 13 unidades no pino das unidades.

Das 13 unidades, retiramos 7 e restam 6.

Por fim, retiramos 1 dezena.

O resultado obtido por Carlos Eduardo foi igual ao de Manuela: 16.

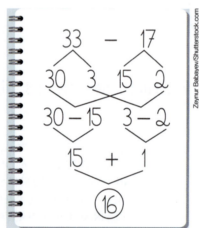

Sobram 16.

Outra aluna, Maria Cláudia, resolveu o problema dos biscoitos de Rafael usando a decomposição de alguns números. Veja:

```
      33   -   17
     /  \     /  \
    30   3  15   2
         \  /
     30 - 15   3 - 2
          \   /
           15 + 1
             |
            (16)
```

Renato resolveu o problema de outra maneira, diferente dos colegas. Veja:

18 - 19 - 20 - 21 - 22 - 23 - 24 - 25
26 - 27 - 28 - 29 - 30 - 31 - 32 - 33
Partindo do 18 até o 33 dá 16.
Então, 33 - 17 = 16.

1. O que você achou de cada um dos quatro modos de resolver o problema dos biscoitos de Rafael? Escolha um deles para contar, ao professor e aos colegas, o que entendeu.

2. Faça como Manuela: resolva as subtrações usando o Material Dourado.

    a) 92 − 64 = _____   b) 73 − 28 = _____

3. Utilize o ábaco para resolver as subtrações abaixo.

    a) 75 − 58 = _____   b) 62 − 25 = _____

4. Utilize a estratégia de Maria Cláudia para resolver as subtrações abaixo.

    a) 54 − 28 = _____   b) 82 − 46 = _____

5. Utilize a estratégia de Renato para calcular estas subtrações.

    a) 94 − 39 = _____   b) 55 − 28 = _____

Algoritmo convencional para subtração com recurso

Como podemos resolver a subtração 94 − 26?

1. Representamos no ábaco o número 94.

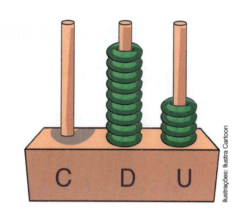

Montamos o algoritmo, escrevendo primeiro o número 94 e depois o 26.

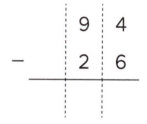

2. Então, precisamos tirar 6 argolas da unidade. Como existem somente 4 unidades, precisamos trocar uma dezena por 10 unidades.

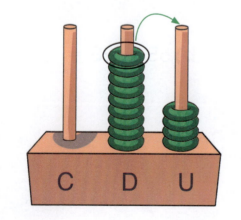

Representamos essa troca, no algoritmo, riscando o algarismo que está na ordem da dezena. É como se ele "emprestasse" 10 unidades para o número vizinho, o 4.

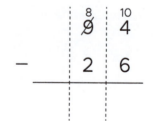

3. Das 14 unidades que estão no pino da unidade, podemos tirar 6.

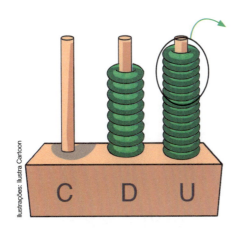

Daí, como agora temos 14 unidades (10 + 4), podemos subtrair 6 delas.

$$\begin{array}{r} \overset{8}{\cancel{9}}\ \overset{10}{4} \\ -\ 2\ \ 6 \\ \hline 8 \end{array}$$

4. O próximo passo é tirar as dezenas. Como trocamos uma dezena por 10 unidades, deixamos de ter 9 dezenas e passamos a ter 8 dezenas.

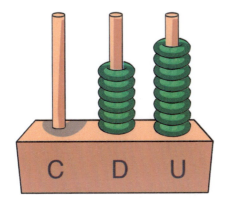

Observe que ficamos com 8 dezenas porque uma foi transformada em 10 unidades. Finalmente, subtraímos 2 de 8.

$$\begin{array}{r} \overset{8}{\cancel{9}}\ \overset{10}{4} \\ -\ 2\ \ 6 \\ \hline 6\ \ 8 \end{array}$$

1. Resolva as subtrações usando o algoritmo convencional.

a) 82 − 26 = _____

d) 123 − 19 = _____

b) 43 − 18 = _____

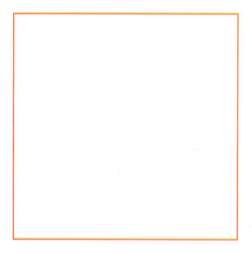

e) 81 − 48 = _____

c) 91 − 64 = _____

f) 282 − 69 = _____

2. Resolva as subtrações.

a) 152 − 86 =

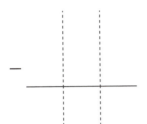

d) 612 − 199 =

b) 935 − 198 =

e) 810 − 580 =

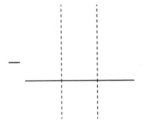

c) 120 − 64 =

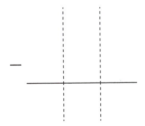

f) 734 − 167 =

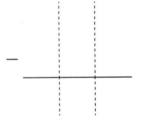

3. Retome todos os procedimentos de cálculo para fazer subtração que você estudou nesta unidade. Qual deles você prefere usar? Troque ideias com os colegas para descobrir se eles preferem o mesmo procedimento que você.

Medidas de massa

O quilograma

1. Observe a cena.

a) Quais produtos estão sendo vendidos?
b) Como eles são vendidos?
c) Você lembra o que aprendeu a respeito dessa unidade de medida?

Ao vender alguns produtos, usamos como unidade de medida o **quilograma**, que serve para sabermos qual é a **massa** desses produtos. Assim, o quilograma é uma unidade de medida de massa.

No Sistema Internacional de Unidades, a unidade-padrão escolhida para massa é o quilograma (kg).

No dia a dia, falamos **quilo** e usamos o símbolo **kg** para representá-lo.

A balança é o instrumento mais usado para medir a massa de um produto.

2. Observe as informações sobre alguns animais do Zoológico de São Paulo.

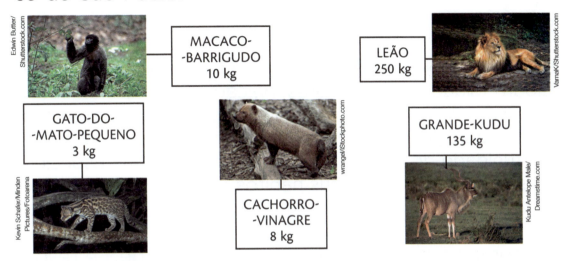

Fonte de pesquisa: <www.zoologico.com.br/animais/mamiferos/>. Acesso em: out. 2017.

a) Que informações aparecem na imagem?

b) Agora observe novamente as informações apresentadas nas imagens acima e complete o quadro a seguir.

Nome do bicho	Massa

c) Escreva o nome dos animais em ordem crescente de massa, ou seja, do que tem a menor massa para o que tem a maior massa. _____

_____

d) Qual é a diferença de massa entre o animal mais leve e o mais pesado? _____

107

> **Para saber mais**
>
> ## A importância dos zoológicos
>
> Os jardins zoológicos têm papel fundamental para a proteção da biodiversidade e para a preservação de animais ameaçados de extinção. Além disso, o trabalho sobre educação ambiental feito nos zoológicos é de extrema importância: a população tem a oportunidade de estar em contato com diversas espécies da fauna silvestre, conhecer seus hábitos e aprender a respeitá-las.

3. Observe novamente a imagem da atividade 1 e responda:
   a) O que mais você conhece que pode ter massa aproximada a 1 kg (um quilograma)?
   b) Contorne as embalagens que têm, exatamente, um quilograma.

4. Segure um dos objetos trazidos pelo professor, com massa de 1 kg, para sentir quanto ele pesa.
   a) Com o objeto escolhido em mãos, estime e registre a massa de alguns objetos da sala de aula.

Objetos com massa menor que 1 kg	Objetos com massa de 1 kg	Objetos com massa maior que 1 kg

108

b) De que maneira você pode verificar se sua estimativa foi boa?

c) Depois de conferir a massa real dos objetos, preencha novamente o quadro.

Objetos com massa menor que 1 kg	Objetos com massa de 1 kg	Objetos com massa maior que 1 kg

5. Contorne somente o que tem massa maior que um quilograma.

Os elementos não estão representados em proporção.

6. Um tigre adulto tem, aproximadamente, 310 kg. Uma onça-pintada adulta tem cerca de 96 kg. Se juntarmos 3 onças-pintadas, conseguiremos ultrapassar a massa de um tigre adulto? Por quê? Registre como você pensou.

7. Qual é a melhor estimativa de massa das imagens abaixo?

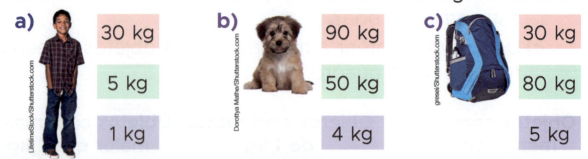

As imagens não estão representadas em proporção.

8. Veja quantos quilos de alimentos foram vendidos em um sábado e um domingo no Mercado Tem de Tudo:

Alimento	Quantidade vendida no sábado	Quantidade vendida no domingo
arroz	200 kg	130 kg
feijão	60 kg	80 kg
soja	30 kg	20 kg
farinha	30 kg	20 kg
açúcar	60 kg	50 kg

Fonte: Dados fictícios.

• Complete o gráfico com os dados da tabela.

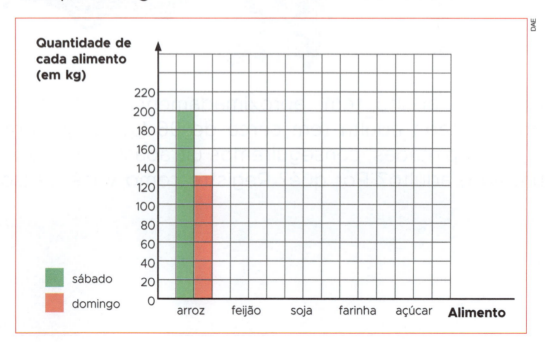

110

O grama

1. Veja a receita que Laura copiou para a mãe dela fazer.

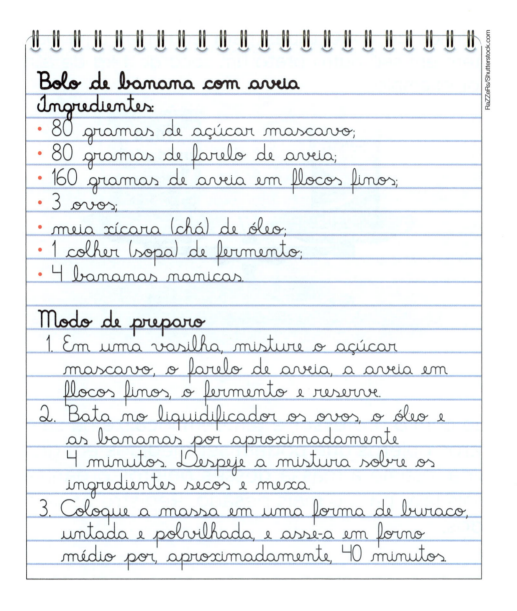

Bolo de banana com aveia
Ingredientes:
- 80 gramas de açúcar mascavo;
- 80 gramas de farelo de aveia;
- 160 gramas de aveia em flocos finos;
- 3 ovos;
- meia xícara (chá) de óleo;
- 1 colher (sopa) de fermento;
- 4 bananas nanicas.

Modo de preparo
1. Em uma vasilha, misture o açúcar mascavo, o farelo de aveia, a aveia em flocos finos, o fermento e reserve.
2. Bata no liquidificador os ovos, o óleo e as bananas por aproximadamente 4 minutos. Despeje a mistura sobre os ingredientes secos e mexa.
3. Coloque a massa em uma forma de buraco, untada e polvilhada, e asse-a em forno médio por, aproximadamente, 40 minutos.

a) Você percebeu que alguns ingredientes tiveram a medida indicada em grama? Você sabe o que é o **grama**?

b) Pegue com o professor um clipe, um cubinho do Material Dourado, um grão de milho, café ou soja e segure--os em sua mão. A massa de cada um desses objetos corresponde a, aproximadamente, um _____.

O **grama** é uma unidade de massa.

A palavra **quilo** significa **mil**, então **quilograma** quer dizer **mil gramas**, ou seja, **1 quilograma** tem **1000 gramas**.

Assim, se um clipe tem, aproximadamente, 1 grama, precisamos de 1000 clipes para equilibrar uma balança que tem em seu outro prato um saco de 1 kg de alimento, por exemplo.

2. Pegue com o professor e também localize na sala de aula outros objetos que podem ser medidos em grama. Em seguida, estime a massa desses objetos organizando-os do mais leve para o mais pesado. Registre os valores estimados.

_____

_____

_____

_____

- Agora use uma balança para conferir suas estimativas. Elas foram boas?

_____

112

Cálculo mental

1. Continue escrevendo as sequências.

a) 1111 | 1211 | ☐ | 1411 | ☐ | ☐ | ☐ | ☐ | ☐

b) 1950 | 2000 | ☐ | ☐ | ☐ | ☐ | ☐ | ☐ | ☐

c) 1901 | 1902 | 1903 | ☐ | ☐ | ☐ | ☐ | ☐ | ☐

2. Preencha as lacunas.

a) O número 38 é formado por ____ dezenas e ____ unidades ou por ____ unidades.

b) O número 138 é formado por ____ centena, ____ dezenas e ____ unidades ou ____ dezenas e ____ unidades.

c) O número 50 é formado por ____ dezenas e ____ unidade.

d) O número 98 é formado por ____ dezenas e ____ unidades ou por ____ unidades.

3. Que número deve ser colocado em cada subtração para que o resultado seja 10? Siga o modelo.

a) 26 − 16 = 10

b) 36 − ____ = 10

c) 46 − ____ = 10

d) 56 − ____ = 10

e) 66 − ____ = 10

f) 86 − ____ = 10

g) 96 − ____ = 10

h) 106 − ____ = 10

i) 116 − ____ = 10

j) 126 − ____ = 10

◆ Sistema monetário brasileiro

1. Observe a cena.

a) Será que Bruno vai conseguir trocar o dinheiro? O que você acha?

b) Qual é o valor da nota que está nas mãos de Bruno?

_____

c) Por quais notas e moedas ele pode trocar a nota que tem nas mãos usando no máximo 4 notas e 4 moedas?

Recorte as notas e moedas da página 253 do **Material complementar** para fazer as combinações de troca possíveis e discuta com os colegas e o professor:

• Quais estratégias vocês utilizaram para encontrar as possibilidades de troca?

d) O moço da padaria entregou para Bruno os seguintes valores para trocar pela nota de 20 reais:

• Você concorda com essa troca? Por quê?

114

Contando dinheiro

1. Gláucia tem as seguintes moedas:

Para saber quanto tem, no total, ela começou a contar pelas moedas de maior valor. Veja:

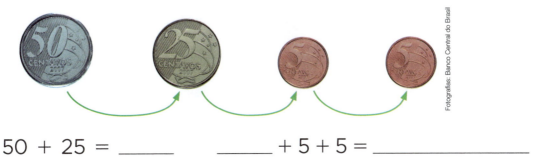

50 + 25 = _____   _____ + 5 + 5 = _____

- Agora use a estratégia de Gláucia e registre qual é o valor total que está representado em cada um dos itens abaixo.

a)

b)

c)

115

2. E se tivermos cédulas e moedas? Como podemos fazer para contar? Será que a estratégia utilizada por Gláucia na atividade 1 nos ajudaria? Observe as quantidades representadas em cada item e registre o total de cédulas e moedas em cada um deles.

a)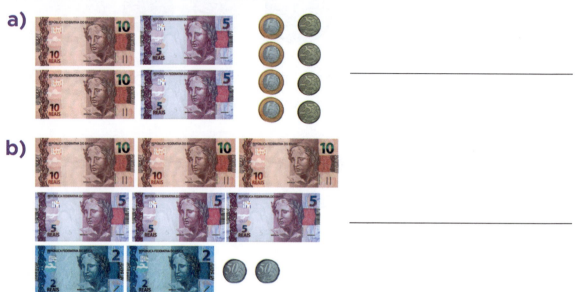

b)

_____

_____

3. Denise tinha as seguintes notas para pagar duas contas de mesmo valor:

- Encontre duas combinações de distribuição das notas para pagar as contas.

combinação 1	combinação 2

116

Trocas com dinheiro

Quando queremos descobrir quantas moedas de 5 centavos são necessárias para trocarmos por uma moeda de 25 centavos, podemos fazer assim:

Portanto, podemos trocar cinco moedas de 5 centavos por uma moeda de 25 centavos.

Agora, se quisermos trocar notas de 5 reais por uma nota de 20 reais, podemos fazer assim:

Podemos trocar quatro notas de 5 reais por uma nota de 20 reais.

5. Agora é com você: faça as trocas!

O que tenho	Quero trocar por	Vou precisar de
apenas notas de 5 reais	uma nota de 50 reais	____ notas de 5 reais
apenas notas de 2 reais	uma nota de 20 reais	____ notas de 2 reais
apenas moedas de 25 centavos	uma nota de 5 reais	____ moedas de 25 centavos
apenas moedas de 10 centavos	uma moeda de 1 real	____ moedas de 10 centavos
apenas moedas de 5 centavos	uma moeda de 1 real	____ moedas de 5 centavos
apenas notas de 10 reais	uma nota de 100 reais	____ notas de 10 reais

$ Educação financeira

1. Leia a história em quadrinhos a seguir e faça o que se pede.

Mauricio de Sousa. *Turma da Mônica: buscar o menor preço*. Disponível em: <http://meubolsofeliz.com.br/artigos/turma-da-monica-buscar-o-menor-preco>. Acesso em: abr. 2018.

a) Você já passou por uma situação parecida com a do Cascão ou conhece alguém que tenha passado?

_____

_____

_____

b) O que você achou da atitude do pai do Cascão ao dizer que eles iriam para outra loja de calçados? E sobre a fala de Cascão na 3ª cena, quando ele diz que o tênis era de marca?

_____

_____

_____

c) Volte à 5ª cena e converse com os colegas sobre o que o pai do Cascão quis dizer com a frase: "Pesquisando preços, fazemos bons negócios, filho!".

_____

_____

_____

2. Agora converse com o professor e os colegas sobre as questões a seguir.

   a) Você já comprou ou desejou comprar algo só porque viu a propaganda desse produto?

   b) Você acha que a propaganda influencia as pessoas? Por quê?

3. Releia o quadrinho ao lado e escreva o que você diria ao Cascão se fosse o pai dele após o garoto ter justificado que o tênis era de marca.

_____

_____

_____

119

Construção de gráfico com base em uma tabela

1. O professor Luís queria saber o que os alunos do 3º ano mais gostam de comer na hora do recreio. Para isso, ele fez uma pesquisa entre seus alunos e os alunos do outro 3º ano, da turma da professora Mariana. Primeiro eles listaram quais alimentos fariam parte da pesquisa. Depois, organizaram as informações em uma tabela. Veja:

Alimento	Quantidade de alunos
pão com queijo	26
frutas	20
bolo	10
torradas	4

Fonte: Dados coletados com base nas respostas dos alunos de duas turmas do 3º ano.

Com base na tabela, responda:

a) Quantos alunos responderam à pesquisa?

b) Qual é o alimento preferido entre os alunos do 3º ano?

c) Qual foi o alimento menos escolhido?

d) Quantos alunos preferem comer frutas na hora do recreio?

e) Qual é a diferença entre a quantidade de alunos que preferem bolo e a dos que preferem pão com queijo?

2. Organize os dados da tabela em um gráfico de barras simples.

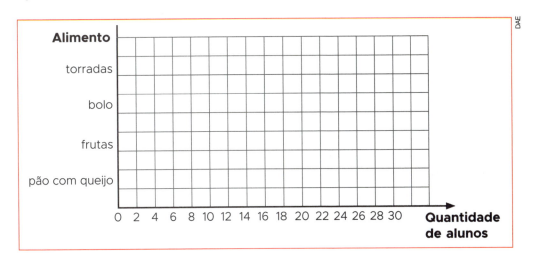

3. Faça uma pesquisa para saber qual é o lanche preferido de sua turma. Para isso, faça como o professor Luís. Primeiro liste quatro alimentos que farão parte da pesquisa. Depois, organize as informações em uma tabela.

Alimento	Quantidade de alunos

4. Organize os dados da tabela em um gráfico de barras simples.

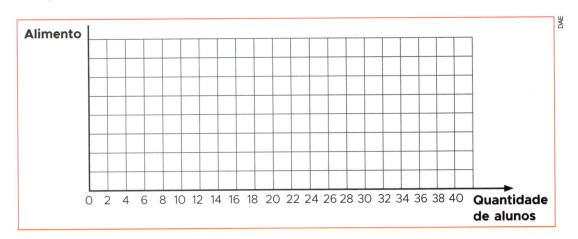

121

Coleção de problemas

1. Leia o texto a seguir e faça o que se pede.

   Quantas frutas Aline comprou?

   Na barraca de frutas, ela comprou 2 dúzias de laranjas, 6 maçãs, 1 dúzia de bananas, 10 pêssegos, 12 limões e 1 abacate.

   Aline foi à feira comprar frutas para seus filhos.

   - Você percebeu que o problema acima foi todo desorganizado? Sente com um colega para reorganizá-lo e escrevam-no corretamente. Depois, leiam o texto para avaliar se está com sentido.

   _____
   _____
   _____
   _____

2. José e Cleide foram ao cinema. A sessão começou às 18 horas e o filme tinha duração de 1 hora e 30 minutos. Cada um pagou 8 reais pelo ingresso e 7 reais pela pipoca. Que horas o filme acabou? Quanto os dois gastaram juntos?

122

3. Leia as pistas a seguir.

- Denis, Clara e Frederico foram tomar suco.
- Na lanchonete, tinha apenas um copo de cada suco: morango, laranja e limão.
- Denis não toma suco de morango.
- Clara não toma suco de laranja.
- Frederico não toma suco de limão.
- Quando chegou a vez de Frederico fazer o pedido, não havia mais o que ele queria.

Agora, responda: Que suco Clara tomou?

4. Jeferson tem [R$ 2] [R$ 2] [R$ 10] [R$ 20] e Jeremias tem [R$ 20] [R$ 5] [R$ 5] [R$ 2] [R$ 2] [R$ 2].

a) Elabore um problema usando essas informações.

_____

_____

_____

_____

b) Agora, peça a um colega que resolva o problema criado.

Resposta: _____

123

Retomada

1. Marque a unidade de medida mais adequada para medir a massa de cada objeto.

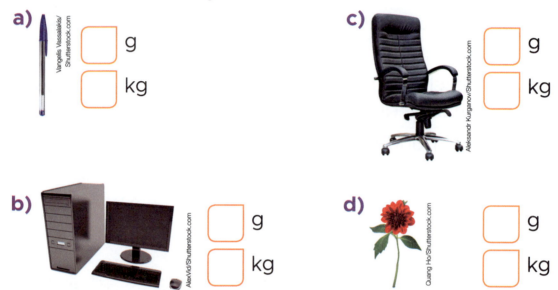

a) ☐ g ☐ kg

b) ☐ g ☐ kg

c) ☐ g ☐ kg

d) ☐ g ☐ kg

2. Veja quanto dinheiro cada um dos amigos de Marcela juntou em alguns meses.

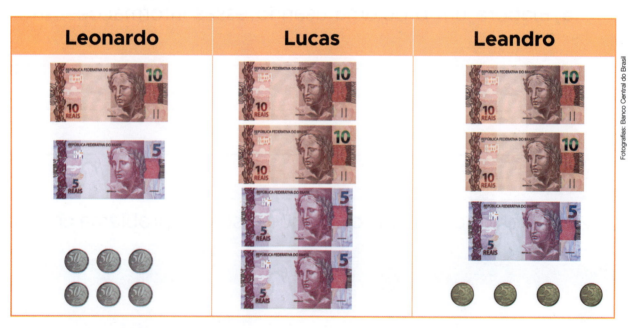

a) Quem tem mais dinheiro?
b) Como você pensou para responder?

3. Invente um problema que possa ser resolvido por meio da adição 3 456 + 303 e, depois, resolva-o.

_____

_____

_____

_____

_____

_____

_____

4. Como você pode calcular o resultado de 625 − 291? Resolva e registre.

- Explique para os colegas e o professor como você pensou para resolver. Algum colega resolveu de maneira diferente?

Periscópio

Para ler

A arte de cozinhar, de MaryAnn F. Kohl e Jean Potter. Porto Alegre: Artmed, 2005.
Imagine uma cobra feita de banana, uma estrela de biscoito e um fantasma de batata... Com este livro você vai poder fazer muita arte na cozinha e, melhor: comer tudo! Crie maravilhas e sirva bebidas e pratos deliciosos para os amigos.

O país do cem-gramas, de Bonifácio Vieira. São Paulo: Formato, 1998.
Com a desculpa de que sua balança era defeituosa, de tudo o que pesava, o comerciante tirava cem gramas. Assim, de cem em cem gramas, ele enriqueceu e tornou-se poderoso. Mas o povo, cada vez mais pobre, sofria com a fome, e um dia resolveu tomar uma atitude.

UNIDADE 6 — Cores e figuras

1. Observe a representação de um cubo colocado em três posições diferentes em cima de uma mesa.

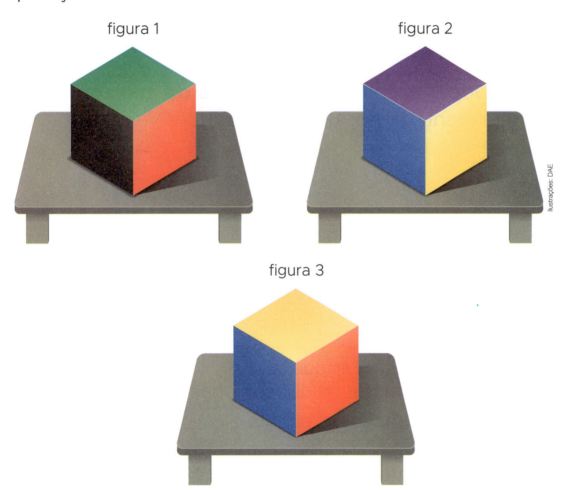

Agora, responda: Qual é a cor virada para baixo na figura 3?

_____

Números maiores que 999

1. O antecessor do número 999 é o número 998. Qual é o sucessor do número 999?

   • Converse com os colegas e o professor sobre como podemos representar esse número usando algarismos.

Do Material Dourado você já conhece a unidade: 🔲, a

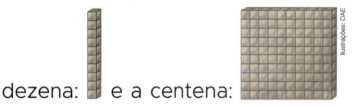

dezena: ▮ e a centena:

Agora, você vai conhecer a **unidade de milhar**, que pode ser representada por um cubo grande. Veja:

> O cubo de **unidade de milhar** é formado por 10 placas de centenas ou 100 barras de dezenas ou 1000 cubinhos de unidade.
>
> Assim, podemos dizer que:
> 1 unidade de milhar = 10 centenas = 100 dezenas =
> = 1000 unidades.

Veja a representação do número 1124 com o Material Dourado.

128

2. Ligue cada número a sua representação com o Material Dourado.

a) 1782

b) 2541

c) 1333

d) 1999

e) 3704

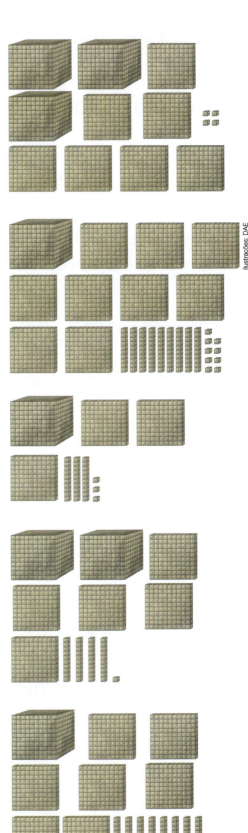

3. Complete as sequências.

a) | 994 | 995 | ☐ | ☐ | ☐ | ☐ | ☐ |

b) | 1001 | 1002 | ☐ | ☐ | ☐ | ☐ | ☐ |

c) | 1014 | 1015 | ☐ | ☐ | ☐ | ☐ | 1020 |

4. Veja a seguir duas maneiras diferentes de decompor um mesmo número. Você pode encontrar outras maneiras.

1234 = 1000 + 200 + 30 + 4

ou

500 + 500 + 130 + 100 + 4

Agora decomponha os números abaixo.

a) 2 983 = _____

b) 3 452 = _____

c) 1 034 = _____

d) 4 509 = _____

5. Escreva os números a seguir com algarismos.

a) setecentos e quatro _____

b) sete mil e quatrocentos _____

c) três mil, quatrocentos e trinta e sete _____

d) trezentos e trinta e quatro _____

As trocas nos algoritmos

Bruna está no 3º ano e, logo depois que aprendeu a subtração com recurso, fez o seguinte registro no caderno:

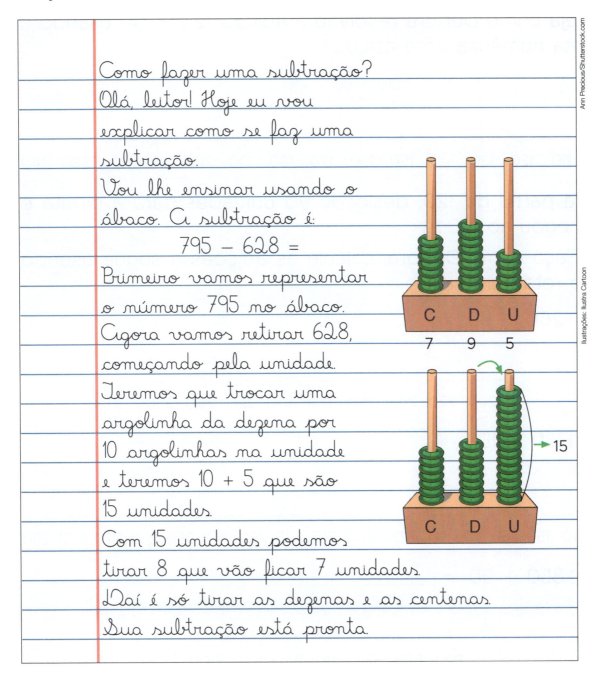

Como fazer uma subtração?
Olá, leitor! Hoje eu vou explicar como se faz uma subtração.
Vou lhe ensinar usando o ábaco. A subtração é:
795 − 628 =
Primeiro vamos representar o número 795 no ábaco. Agora vamos retirar 628, começando pela unidade. Teremos que trocar uma argolinha da dezena por 10 argolinhas na unidade e teremos 10 + 5 que são 15 unidades. Com 15 unidades podemos tirar 8 que vão ficar 7 unidades. Daí é só tirar as dezenas e as centenas. Sua subtração está pronta.

Escrever textos sobre o que estudamos em Matemática é um jeito muito bom de compreender os pontos em que temos dificuldade. Faça como Bruna e escreva no caderno um texto sobre adição.

Adição com suporte da reta numérica

1. Veja como Débora resolveu a adição 120 + 90 usando a reta numérica para calcular.

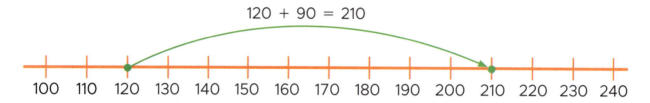

Ela partiu do 120, deslocou 90 unidades para a direita e chegou ao 210.

• Faça como Débora: calcule as adições a seguir usando a reta numérica.

a) 260 + 60 = _____

b) 130 + 150 = _____

c) 850 + 90 = _____

d) 530 + 70 = _____

132

◆ Gráficos e tabelas

Uma fábrica especializada em creme dental infantil queria conhecer melhor seus clientes. Pesquisou o sabor preferido de meninos e meninas entre 4 e 8 anos. Para cada participante da pesquisa foi entregue um *kit* com três sabores de creme dental: morango, hortelã e *tutti frutti*. Depois de usá-los por alguns dias, cada criança respondeu qual dos sabores mais lhe agradou. Observe a tabela:

	Morango	Hortelã	*Tutti frutti*
Meninos	15	12	23
Meninas	17	10	28

Fonte: Dados obtidos com base nas respostas das crianças.

Com base nas informações organizadas na tabela, faça um gráfico de barras. Para isso, use um *software* de planilhas eletrônicas. Acompanhe a seguir as orientações.

1. Abra o *software* de planilhas eletrônicas em um computador ou *laptop* e digite a tabela acima nas células da planilha, mantendo a formatação original.

2. Após digitá-la, selecione a tabela toda, clique em **Inserir** e, dentro da região **Gráficos**, clique no botão ▬▬▪ para inserir um gráfico de colunas.

3. Dê dois cliques seguidos sobre o primeiro desenho do item **Coluna 2D** e seu gráfico deverá ficar assim:

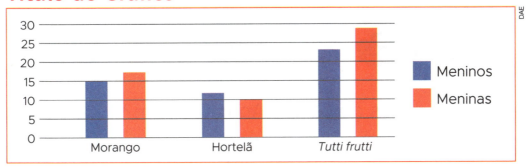

133

4. Não se esqueça de dar um título ao seu gráfico. É só clicar duas vezes seguidas sobre **Título do gráfico** para renomeá-lo.

Explore outras possibilidades de elaborar um gráfico usando o *software* de planilhas eletrônicas.

Pesquise qual é o creme dental preferido de seus colegas de sala de aula, elabore uma tabela e faça um gráfico para concluir a pesquisa.

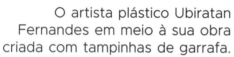

Multiplicação

O artista plástico Ubiratan Fernandes criou uma obra usando somente tampinhas de diferentes tipos de garrafa.

O artista plástico Ubiratan Fernandes em meio à sua obra criada com tampinhas de garrafa.

1. Ana Júlia é artesã e foi a uma exposição. Lá, ela viu a obra de Ubiratan e descobriu que poderia fazer muitas coisas usando somente tampinhas de garrafa. Ela começou, então, a recolher diversas tampinhas de garrafas PET. Para conservar o material em ordem, Ana arrumou tudo em caixas. Veja como o ateliê dela é bem organizado.

a) Quantas pilhas de caixas Ana Júlia tem? _____

b) Quantas caixas há em cada pilha? _____

134

2. Com quantas cores diferentes de tampinhas Ana Júlia pode trabalhar? _____

> Podemos representar o número de caixas do ateliê de Ana Júlia com a adição 3 + 3 + 3 + 3 + 3 + 3 ou por meio da escrita multiplicativa **6 × 3 = 18**.

3. Ana Júlia recebeu uma encomenda de enfeite para cortina feito com tampinhas. Para isso ela usou 6 fios de náilon com 5 tampinhas em cada fio.

a) Quantas tampinhas foram necessárias para a confecção do enfeite? Desenhe-o para mostrar.

b) Represente o total de tampinhas utilizadas por meio de uma adição. _____

c) Represente o total de tampinhas utilizadas por meio de uma multiplicação. _____

135

4. Em seu ateliê, Ana Júlia tem para vender 4 móbiles de flores feitos com garrafa PET. Em cada móbile, Ana Júlia colocou 9 flores.

• Quantas flores Ana Júlia precisou fazer? Represente o total de flores por meio de uma:

a) adição; _____

b) multiplicação. _____

5. Esse outro modelo de móbile infantil também faz sucesso.

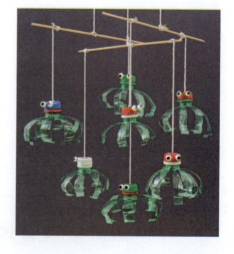

• Fernanda encomendou com Ana Júlia 3 móbiles de bichinhos coloridos para presentear os sobrinhos. Em cada móbile, Ana Júlia colocou 7 bichinhos. Quantos bichinhos coloridos a artesã fez? Represente o total de bichinhos por meio de uma:

a) adição; _____

b) multiplicação. _____

136

Tabuada do 2

1. Escreva uma adição para representar cada resultado da tabuada do 2. Siga os exemplos.

   1 × 2 = 2

   2 × 2 = 2 + 2 = 4

   3 × 2 = 2 + 2 + 2 = 6

   4 × 2 = 2 + 2 + 2 + 2 = ___

   5 × 2 = 2 + ___ + ___ + ___ + 2 = ___

   6 × 2 = 2 + ___ + ___ + ___ + ___ + ___ = ___

   7 × 2 = ___ + ___ + ___ + ___ + ___ + ___ + ___ = ___

   8 × 2 = ___ + ___ + ___ + ___ + ___ + ___ + ___ + ___ = ___

   9 × 2 = ___ + ___ + ___ + ___ + ___ + ___ + ___ + ___ + ___ = ___

   10 × 2 = ___ + ___ + ___ + ___ + ___ + ___ + ___ + ___ + ___ + ___ = ___

   > Quando escrevemos 5 × 2, devemos considerar ___ vezes o número ___. Por isso, representamos por meio da escrita aditiva: ___ + ___ + ___ + ___ + ___.
   >
   > Quando escrevemos 7 × 2, devemos considerar ___ vezes o número ___. Assim, a escrita aditiva será: ___ + ___ + ___ + ___ + ___ + ___ + ___.

2. Escreva somente os resultados da tabuada do 2.

3. Observe as respostas que você deu na atividade 1 e responda:

a) Os resultados aumentam ou diminuem? _____

b) De quanto em quanto? _____

c) Os resultados são pares ou ímpares? _____

4. Vamos organizar um texto sobre a tabuada do 2. Para isso complete os espaços de acordo com as respostas que você escreveu na atividade anterior.

> Na tabuada do ____, percebi que os resultados _____ de ____ em ____ e que os números são todos _____.

Tabuada do 4

1. Escreva uma adição para representar cada resultado da tabuada do 4. Siga os exemplos.

1 × 4 = 4

2 × 4 = 4 + 4 = 8

3 × 4 = 4 + 4 + 4 = 12

4 × 4 = 4 + 4 + 4 + 4 = ___

5 × 4 = 4 + ___ + ___ + ___ + 4 = ___

6 × 4 = 4 + ___ + ___ + ___ + ___ + ___ = ___

7 × 4 = ___ + ___ + ___ + ___ + ___ + ___ + ___ = ___

8 × 4 = ___ + ___ + ___ + ___ + ___ + ___ + ___ + ___ = ___

9 × 4 = ___ + ___ + ___ + ___ + ___ + ___ + ___ + ___ + ___ = ___

10 × 4 = ___ + ___ + ___ + ___ + ___ + ___ + ___ + ___ + ___ + ___ = ___

> Quando escrevemos 3 × 4, devemos considerar ___ vezes o número ___. Por isso, representamos por meio da escrita aditiva: ___ + ___ + ___. Quando escrevemos 5 × 4 devemos considerar ___ vezes o número ___. Assim, a escrita aditiva será: ___ + ___ + ___ + ___ + ___.

2. Escreva somente os resultados da tabuada do 4.

___

3. Observe as respostas que você deu na atividade 1 e responda:

a) Os resultados aumentam ou diminuem? ___

b) De quanto em quanto? ___

c) Os resultados são pares ou ímpares? ___

4. Em duplas, elaborem uma pergunta para a tabuada do 4. Depois, troquem a pergunta de vocês com a de outra dupla para cada uma responder à questão da outra.

___
___
___
___

5. Escreva somente os resultados das tabuadas do 2 e do 4.

Resultados da tabuada do 2	Resultados da tabuada do 4

- Que relação você pode estabelecer entre os valores que escreveu?

_____

_____

Dizemos que uma quantidade é o **dobro** de outra quando equivale a duas vezes a quantidade. Dessa maneira, podemos afirmar que os resultados da tabuada do 4 são o dobro dos resultados da tabuada do 2.

Tabuada do 8

Leia a notícia a seguir.

Biodiversidade em oito patas

[...]

Grandes, peludas, assustadoras. As aranhas-caranguejeiras, também conhecidas como tarântulas, dificilmente seriam escolhidas como os bichos favoritos de uma criança – confesse: você também acha que elas são feiosas? O que diria, então, de passar anos de sua vida procurando-as na floresta? Pois saiba que o biólogo Rogerio Bertani, do Instituto Butantã, resolveu dedicar-se ao estudo das aranhas-caranguejeiras e acaba de anunciar, de uma tacada só, a descoberta de nove espécies desse grupo.

[...]

Aranha-caranguejeira.

Disponível em: <http://chc.cienciahoje.uol.com.br/biodiversidade-em-oito-patas/>. Acesso em: set. 2017.

1. Quantas patas tem uma aranha? _____

2. Se há 9 aranhas, uma de cada espécie descoberta pelo biólogo Rogerio Bertani, quantas patas elas terão juntas?

   a) Escrita aditiva: _____

   b) Escrita multiplicativa: _____

141

3. Escreva uma adição para representar cada resultado da tabuada do 8. Siga os exemplos.

1 × 8 = 8
2 × 8 = 8 + 8 = 16
3 × 8 = 8 + 8 + 8 = 24

4 × 8 = 8 + 8 + 8 + 8 = ____

5 × 8 = 8 + ____ + ____ + ____ + 8 = ____

6 × 8 = 8 + ____ + ____ + ____ + ____ + ____ = ____

7 × 8 = ____ + ____ + ____ + ____ + ____ + ____ + ____ = ____

8 × 8 = ____ + ____ + ____ + ____ + ____ + ____ + ____ + ____ = ____

9 × 8 = ____ + ____ + ____ + ____ + ____ + ____ + ____ + ____ + ____ = ____

10 × 8 = ____ + ____ + ____ + ____ + ____ + ____ + ____ + ____ + ____ + ____ = ____

> Quando escrevemos 4 × 8, devemos considerar ____ vezes o número ____. Por isso, representamos por meio da escrita aditiva: ____ + ____ + ____ + ____. Quando escrevemos 5 × 8, devemos considerar ____ vezes o número ____. Assim, a escrita aditiva será: ____ + ____ + ____ + ____ + ____.

4. Observe as respostas que você deu na atividade 3 e responda:

a) Os resultados aumentam ou diminuem? _____

b) De quanto em quanto? _____

c) Os resultados são pares ou ímpares? _____

5. Multiplique os resultados da tabuada do 4 por 2. Em seguida, complete o outro quadro com os resultados da tabuada do 8. O que você percebeu de comum?

Resultados da tabuada do 4	Resultados da tabuada do 4 multiplicados por 2
4	
8	
12	
16	
20	
24	
28	
32	
36	
40	

Resultados da tabuada do 8

6. Compare os resultados da tabuada do 8 com os resultados da tabuada do 2. Quantas vezes os resultados da tabuada do 8 são maiores que os da tabuada do 2?

Dizemos que uma quantidade é o **quádruplo** de outra quando uma equivale a quatro vezes a outra. Dessa forma, podemos afirmar que os resultados da tabuada do 8 são o quádruplo dos resultados da tabuada do 2.

Estimativa

1. Paula também se inspirou nas obras do artista Ubiratan Fernandes e fez um tapete de tampinhas de garrafa.

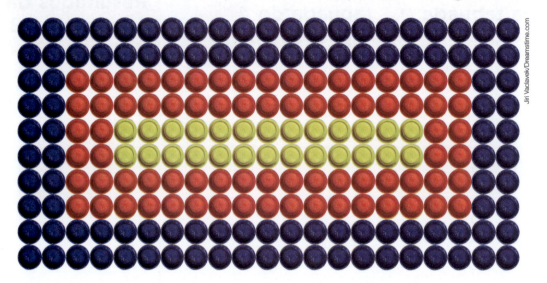

Estime quantas tampinhas foram usadas para confeccionar o tapete de Paula e marque com um **X** a alternativa que melhor corresponde à sua estimativa.

☐ Mais que 300 tampinhas.

☐ Menos que 200 tampinhas.

☐ Mais que 200 e menos que 300 tampinhas.

2. Agrupe as tampinhas de 10 em 10 e descubra quantas foram usadas. Quantas são as tampinhas?

_____

3. Como foi sua estimativa? Contorne para responder.

144

Calculadora

1. Você já sabe usar a calculadora? Quando usamos esse instrumento? Para quê?

2. Siga as orientações abaixo para explorar a calculadora.

   a) Clique na tecla para ligar e digite o número trezentos e noventa e quatro. Contorne, na calculadora abaixo, os algarismos que você precisou digitar.

   b) Escreva o número que apareceu no visor da calculadora.

   _____

   c) Observe novamente a calculadora do item **a** e escreva para que serve cada uma das teclas indicadas pelas setas.

145

Figuras geométricas espaciais

1. Ligue o objeto à figura geométrica espacial que ele lembra.

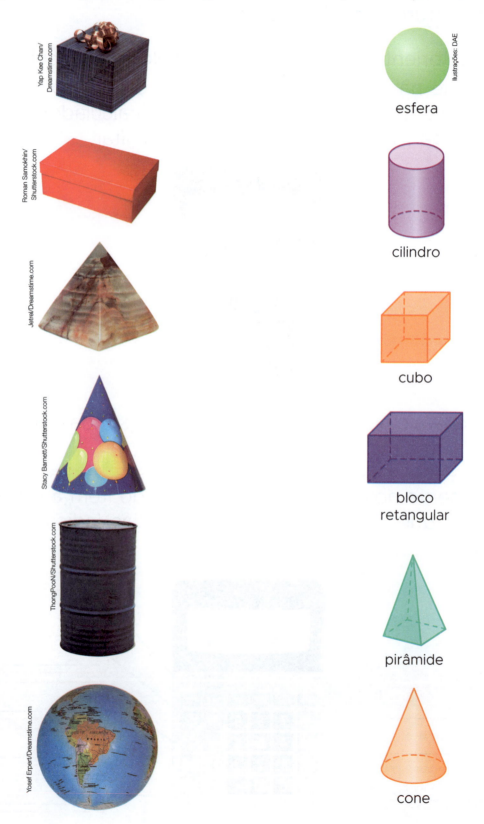

2. Desenhe, no espaço abaixo, um objeto que lembre o cubo e outro que lembre o bloco retangular.

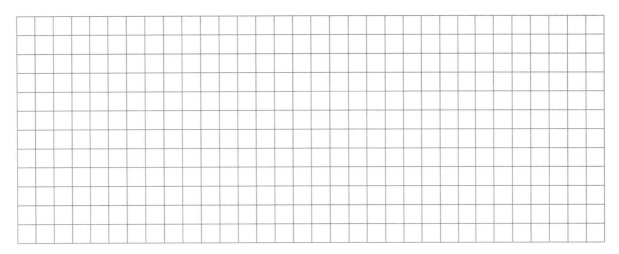

3. Vamos adivinhar?

- Sente-se com outros três colegas e depois escolha um objeto da sala de aula. Eles não podem saber o que você escolheu.

- Sua tarefa é descrever as características desse objeto para que eles adivinhem o que é. Utilize os termos que você aprendeu em Geometria, como faces, arestas e vértices, para descrevê-lo. Também faça a associação do objeto com a figura geométrica espacial que ele lembra. Aquele que acertar primeiro ganha um ponto.

- Cada integrante do grupo deve escolher um objeto para os colegas adivinharem.

- Quando terminarem, escolham um dos objetos e descrevam, coletivamente, as características dele no espaço abaixo.

_____

_____

_____

_____

Pirâmides

Como foram erguidas as pirâmides do Egito?

A construção das pirâmides botou milhares de egípcios para suar, exigiu conhecimentos avançados de matemática e muitas pedras. Das cem pirâmides conhecidas no Egito, a maior (e mais famosa) é a de Quéops, única das sete maravilhas antigas que resiste ao tempo.

[...]

Para botar de pé os monumentos, que nada mais eram que tumbas luxuosas para os faraós, estima-se que 30 mil egípcios trabalharam durante 20 anos.

[...]

Disponível em: <http://mundoestranho.abril.com.br/geografia/como-foram-erguidas-as-piramides-do-egito/>. Acesso em: jul. 2017.

1. Observe as imagens.

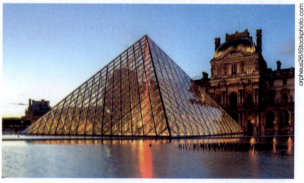

- Converse com os colegas a respeito do que vocês sabem das pirâmides.

2. Observe a pirâmide a seguir.

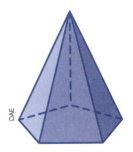

A pirâmide possui apenas uma **base**.
A base da pirâmide é uma de suas **faces**.
A figura plana da base define o nome da **pirâmide**.
Além da face da base, a pirâmide tem faces **triangulares**.

• A pirâmide acima é chamada de pirâmide de base _____. Ela tem _____ faces. Uma face é _____ e as outras cinco são _____.

3. Na malha pontilhada abaixo, usando a régua, desenhe uma pirâmide de base quadrada.

149

4. Observe a figura.

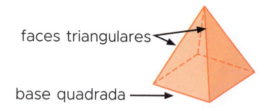

- Agora complete o quadro abaixo.

Pirâmide	Figura plana da base	Nome da figura plana da base	Nome da pirâmide
	□		pirâmide de base quadrada
		triângulo	pirâmide de base _____
	⬡	hexágono	pirâmide de base _____
	⬠		pirâmide de base _____
		retângulo	pirâmide de base _____

150

5. Veja as diferentes planificações de uma pirâmide de base quadrada.

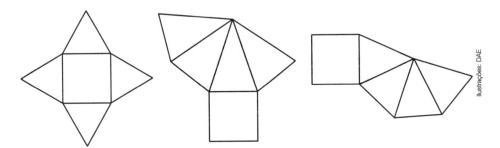

- Pinte, em cada uma das planificações, a figura plana que representa a base.

6. Ligue cada conjunto de figuras planas ao nome da pirâmide que pode ser montada com ele.

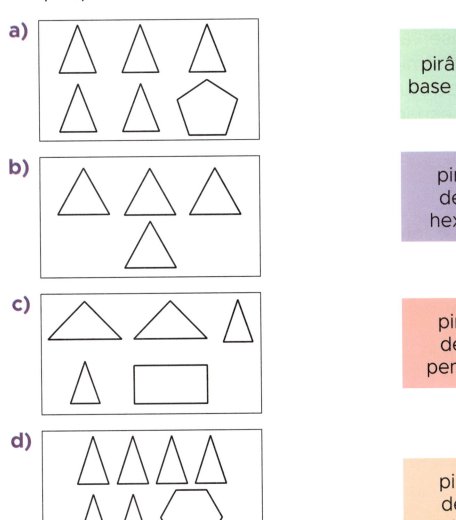

pirâmide de base triangular

pirâmide de base hexagonal

pirâmide de base pentagonal

pirâmide de base retangular

A estrutura da pirâmide

Veja esta imagem:

O que observamos é a estrutura de uma pirâmide de base quadrada. Na estrutura de uma figura geométrica espacial, temos **vértices** e **arestas**.

A **aresta** é formada pelo encontro de duas faces.
O ponto de encontro de três ou mais arestas é o **vértice**.

1. Complete a frase.

   • A pirâmide de base quadrada tem _____ arestas e _____ vértices.

2. Que tal construir a estrutura de uma pirâmide? Pegue com o professor varetas e massa de modelar. Sente-se com um colega e montem a estrutura de uma pirâmide de base quadrada. Deixem a estrutura que vocês fizeram exposta para os demais colegas.

Coleção de problemas

1. Nicole foi a uma feira de jogos e comprou uma dúzia de chaveiros de personagens, um jogo de cartas, três revistas em quadrinhos, quatro jogos de *video game* e um jogo de tabuleiro.

    a) O que Nicole comprou na feira? _____

    _____

    b) Quantos jogos de *video game* ela comprou? _____

    c) Quais são os números que aparecem neste problema? O que eles representam? _____

    _____

    _____

2. A professora Fabiana organiza a sala de aula em 5 fileiras com 7 alunos em cada fileira. Quantos alunos a professora Fabiana tem? Marque com um **X** as operações que podem ser usadas para resolver o problema.

    | 5 + 7 | 7 − 5 | 5 × 7 | 7 + 7 + 7 + 7 + 7 |

3. João é vendedor de balões. Todo domingo ele vai para o parque vender sua mercadoria. Ele saiu de casa com 387 balões e voltou com 223. O número de balões que ele vendeu é maior ou menor que o número de balões com que ele voltou para casa?

_____

_____

_____

153

Retomada

1. Escreva o nome dado a cada pirâmide.

   a)

   _____

   b)

   _____

   c)

   _____

2. Complete com o nome de cada parte que compõe uma pirâmide.

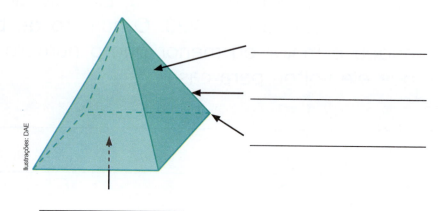

3. Represente cada situação usando a escrita aditiva e a escrita multiplicativa.

a)

Escrita aditiva: _____.

Escrita multiplicativa: _____.

b)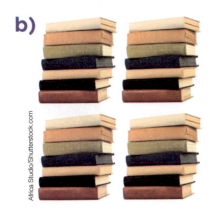

Escrita aditiva: _____.

Escrita multiplicativa: _____.

4. Resolva as subtrações abaixo usando o procedimento que achar melhor.

a) 146 − 98 = _____	c) 51 − 39 = _____
b) 63 − 55 = _____	d) 106 − 48 = _____

155

Periscópio

📖 Para ler

E por falar em tabuada..., de João Bianco e Mônica Marsola. São Paulo: Irmãos Vitale, 2008.
Para ensinar Matemática com música, o livro vem acompanhado de CD, que traz, além de vários tipos de ritmo, letras ilustradas e *playbacks* para todos poderem cantar juntos, estimulando ainda mais as crianças a aprender cantando.

O segredo da pirâmide, de Justin Somper. Tradução de Laura Bacellar. São Paulo: Scipione, 2006. (Coleção Salve-se Quem Puder).
Gal e Gil são irmãos. Eles viajam ao Egito de férias com o pai, um historiador famoso. A aventura dos irmãos começa quando saem para encontrar o tesouro de um faraó. Com certeza, não poderiam faltar mistérios, enigmas e pirâmides.

Uma história com mil macacos, de Ruth Rocha. Ilustrações de Cláudio Martins. São Paulo: Salamandra, 2009. (Coleção Vou te Contar).
Imagine se em uma cidade pequena começassem a chegar macacos sem parar! Alguém deve ter errado nas contas... Descubra neste livro por que isso aconteceu e o que as pessoas da cidade vão fazer com toda essa macacada!

UNIDADE 7

Guardião das águas

A água é um bem precioso à vida e deve ser bem utilizada. Vamos checar se você está consumindo água com responsabilidade?

Escolha uma resposta para cada item a seguir e anote seus pontos no caderno. Ao final, some os pontos obtidos e confira seu resultado.

1. Para escovar os dentes você pega sua 🪥 e o 🧴 e, então:
   a) abre logo a 🚰 para não perder tempo; **5**
   b) abre a 🚰 só na hora de enxaguar a 👄; **8**
   c) usa um 🥛 para enxaguar a 👄. **8**

2. Para limpar a casa, o mais adequado é:
   a) Aproveitar a água usada para 🪣. **10**
   b) Sempre usar somente água da 🚰. **5**
   c) Esfregar a sujeira do chão com a 🧹. **8**
   d) Tirar a sujeira só com 🪣 ou 🧵. **0**

3. No banho diário de chuveiro, o que é melhor?
   a) Ficar muito tempo debaixo da água. **2**
   b) Molhar o corpo e fechar o chuveiro enquanto está se. **10**
   c) Tanto faz, depende da pressa. **5**

Confira seu resultado!

23 a 28 pontos — Parabéns! Você usa muito bem a água! Merece a medalha de guardião das águas!

18 a 22 pontos — Muito bom! Você está no caminho certo, mas pode melhorar!

7 a 17 pontos — Procure usar a água de modo mais responsável. A água é um bem precioso!

157

Figuras geométricas espaciais

A professora de Mariana entregou figuras geométricas planas à turma e disse:

COM QUAIS FIGURAS GEOMÉTRICAS PLANAS VOCÊS CONSEGUEM MONTAR A SUPERFÍCIE DE UM CUBO?

1. Pinte as figuras geométricas planas que montam a superfície do cubo.

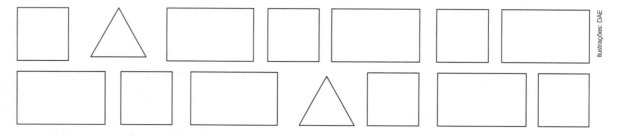

2. Se a professora tivesse pedido para pintar as figuras geométricas planas que montam a superfície de um paralelepípedo, quais você pintaria? Contorne-as na ilustração da atividade anterior.

3. Pinte as figuras geométricas planas que montam a superfície da pirâmide de base quadrada.

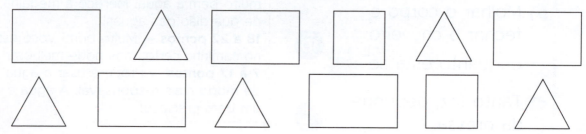

4. Ligue a figura plana à respectiva figura geométrica espacial e, depois, ligue esta figura ao objeto que se parece com ela.

5. Observe as planificações do quadro. Em seguida, escolha no banco de palavras o nome da figura geométrica espacial que será montada com cada uma delas e escreva-o abaixo da planificação.

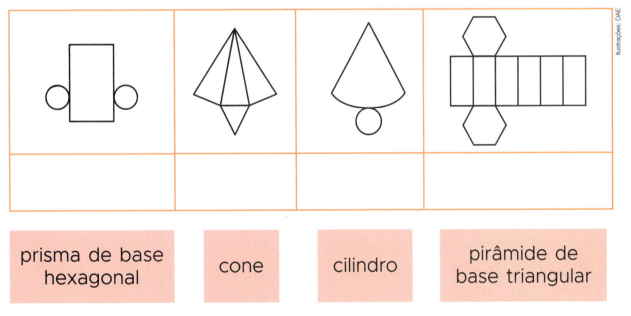

159

Que figura é essa?

Participantes:

Dois ou três alunos por equipe. A quantidade de equipes não é relevante.

Preparação

1. Reúna-se com dois ou três colegas para elaborar e escrever 5 perguntas sobre figuras geométricas espaciais.

   _____

   _____

   _____

2. Entreguem ao professor as perguntas escritas separadamente em 5 tiras de papel.

Regras

1. O professor sorteará uma pergunta elaborada pela turma.
2. No tempo combinado, os grupos devem escrever, em uma folha de papel avulsa, a resposta, que deverá ser apresentada a todos da sala de aula. Uma vez exposta, a resposta não poderá mais ser alterada.
3. O grupo que acertar a resposta à pergunta sorteada ganha um ponto.
4. Vence a equipe que tiver mais pontos quando as perguntas acabarem.

Números maiores que 500

1. Este é o quadro de números de 501 a 600. Complete os espaços vazios e depois faça o que se pede.

501	502	503	504		506	507	508	509	
511	512	513	514		516	517	518	519	
521	522	523	524		526	527	528	529	
531	532	533	534		536	537	538	539	
541	542	543	544		546	547	548	549	
551	552	553	554		556	557	558	559	
561	562	563	564		566	567	568	569	
571	572	573	574		576	577	578	579	
581	582	583	584		586	587	588	589	
591	592	593	594		596	597	598	599	

a) Começando pelo número 501, incluindo ele, e indo até 600, conte de 5 em 5 e pinte no quadro os números que formam essa sequência.

b) Organize os números que você pintou no item **a** na reta numérica abaixo.

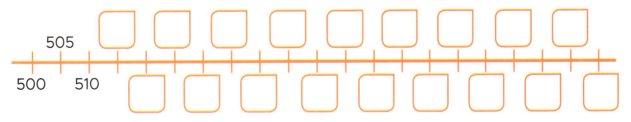

161

2. Este é o quadro de números de 601 a 700. Complete os espaços vazios e depois faça o que se pede.

601	602	603	604	605	606	607	608	609	
					616	617	618	619	
621	622	623	624		626	627	628	629	
631	632	633	634		636	637	638	639	
641	642	643	644		646	647	648	649	
651	652	653	654		656	657	658	659	
661	662	663	664		666	667	668	669	
671	672	673	674		676	677	678	679	
681	682	683	684		686	687	688	689	
691	692	693	694		696	697	698	699	

a) Começando pelo número 601, incluindo ele e indo até 700, conte de 10 em 10 e pinte no quadro os números que formam essa sequência.

b) Organize na reta numérica abaixo os números que você pintou no item **a**.

c) Começando pelo número 633, conte de 5 em 5. Contorne no quadro os números que formam essa sequência e escreva-os a seguir.

633, _____

162

3. Este é o quadro de números de 701 a 800. Complete os espaços vazios e depois faça o que se pede.

701	702	703	704	705		707	708	709	710
711	712	713	714	715		717	718	719	720
721	722	723	724			727	728	729	730
731	732	733	734	735		737	738	739	740
741	742	743	744	745		747	748	749	
761	762	763	764	765		767	768	769	770
771	772	773	774			777	778	779	780
781	782	783	784	785		787	788	789	790
791	792	793	794	795		797	798	799	

a) Conte de 25 em 25, começando do número 725, e contorne, no quadro acima, todos os números dessa sequência.

b) Escreva a sequência numérica que você contornou no quadro.

_____

c) Pinte o algarismo da unidade dos números que formam a sequência do item **b**. O que você percebeu?

_____

_____

d) Pinte o algarismo da dezena dos números que formam a sequência do item **b**. O que você percebeu?

_____

_____

e) Compare a sequência do item **a** desta atividade com a sequência numérica do item **b** da atividade 1. O que elas têm de semelhante?

_____

f) Com base nas informações que você tem, escreva a sequência de 25 em 25 com os números de 800 até 900.

_____

4. Use as fichas de números da página 249 do **Material complementar** para representar os números maiores que 800 listados a seguir. Desenhe as representações usadas.

a) oitocentos e vinte e dois

b) oitocentos e cinquenta

c) oitocentos e setenta e sete

d) novecentos

5. Represente os números da atividade anterior de dois modos diferentes, ou seja, sem usar as fichas de números.

_____

164

Probabilidade

1. Recorte da página 255 do **Material complementar** a planificação do dado e depois monte-o.

   Observando o dado, responda:

   a) Há quantas faces na cor vermelha? _____

   b) Quantas faces são azuis? _____

   c) Qual é a cor que tem mais chances de sair no dado? Por quê?

   _____

2. Lance o dado que você montou na atividade 1 por 20 vezes e pinte o quadro abaixo com a cor que ficou na face superior do dado em cada lançamento.

   _____

1	2	3	4	5	6	7	8	9	10	11	12	13	14	15	16	17	18	19	20

   Agora responda:

   a) Em quantos lançamentos saiu a face vermelha?

   _____

   b) Em quantos lançamentos saiu a face azul?

   _____

   c) Compare as respostas dos itens **a** e **b** desta atividade com a resposta do item **c** da atividade anterior. Sua explicação é válida para justificar os resultados que você obteve?

   _____

3. Renato cria carrinhos em uma fábrica de brinquedos. Ele precisa desenvolver uma nova coleção. Para isso, fez 3 carrocerias e 2 tipos de rodinhas.

- Quantos tipos diferentes de carrinhos podem ser vendidos? Desenhe no caderno todas as possibilidades para representar essa quantidade.

> Podemos representar a solução da atividade 3 com uma escrita multiplicativa.
>
> Temos ____ tipos de rodinhas e ____ carrocerias diferentes. Isso significa que, para cada carroceria, é possível usar ____ tipos de rodinhas; a escrita multiplicativa que representa essas possibilidades é: ____ × ____ = ____.

4. Usando a escrita multiplicativa, descubra quantas possibilidades há para pintar os desenhos utilizando apenas uma cor para cada figura

a) Quantos tipos de desenho você poderá pintar? _____

b) Quantas cores estão disponíveis? _____

c) Quantas são as possibilidades? _____

◆ Multiplicação

Tabuada do 3

1. Escreva uma adição para representar cada resultado da tabuada do 3. Siga os exemplos.

   0 × 3 = 0
   1 × 3 = 3
   2 × 3 = 3 + 3 = 6
   3 × 3 = 3 + 3 + 3 = 9
   4 × 3 = 3 + 3 + 3 + 3 = ___
   5 × 3 = 3 + ___ + ___ + ___ + 3 = ___
   6 × 3 = 3 + ___ + ___ + ___ + ___ + ___ = ___
   7 × 3 = ___ + ___ + ___ + ___ + ___ + ___ + ___ = ___
   8 × 3 = ___ + ___ + ___ + ___ + ___ + ___ + ___ + ___ = ___
   9 × 3 = ___ + ___ + ___ + ___ + ___ + ___ + ___ + ___ + ___ = ___
   10 × 3 = ___ + ___ + ___ + ___ + ___ + ___ + ___ + ___ + ___ + ___ = ___

2. Complete o texto:

   > Na tabuada do ___, percebi que os resultados _____ de ___ em ___. Para 8 × 3, agrupamos de ___ em ___, ___ vezes.

3. Usando malha quadriculada, faça a representação de cada multiplicação da tabuada do 3. Lembre-se de que você deve propor que 3 quadradinhos se repitam por um determinado número de vezes.

167

Tabuada do 6

1. Escreva uma adição para representar cada resultado da tabuada do 6. Siga os exemplos.

   0 × 6 = 0
   1 × 6 = 6
   2 × 6 = 6 + 6 = 12
   3 × 6 = 6 + 6 + 6 = 18
   4 × 6 = 6 + 6 + 6 + 6 = ___
   5 × 6 = 6 + __ + __ + __ + 6 = ___
   6 × 6 = 6 + __ + __ + __ + __ + __ = ___
   7 × 6 = __ + __ + __ + __ + __ + __ + __ = ___
   8 × 6 = __ + __ + __ + __ + __ + __ + __ + __ = ___
   9 × 6 = __ + __ + __ + __ + __ + __ + __ + __ + __ = ___
   10 × 6 = __ + __ + __ + __ + __ + __ + __ + __ + __ + __ = ___

   > Quando escrevemos 3 × 6, devemos considerar ___ vezes o número ___. Por isso, representamos por meio da escrita aditiva: ___ + ___ + ___.

2. Observe as respostas que você deu na atividade 1 e responda:

   a) Os resultados aumentam ou diminuem? _____

   b) De quanto em quanto? _____

   c) Os resultados são números pares ou ímpares? _____

3. Escreva nos quadros abaixo, em ordem crescente, os resultados da tabuada do 3 e do 6.

Resultados da tabuada do 3

Resultados da tabuada do 6

- Que relação se pode estabelecer entre os resultados das duas tabuadas?

_____

_____

4. Por que essa descoberta é importante?

_____

_____

_____

169

Tabuada do 9

1. Escreva uma adição para representar cada resultado da tabuada do 9. Siga os exemplos.

    0 × 9 = 0
    1 × 9 = 9
    2 × 9 = 9 + 9 = 18
    3 × 9 = 9 + 9 + 9 = 27

    4 × 9 = 9 + 9 + 9 + 9 = ___

    5 × 9 = 9 + __ + __ + __ + 9 = ___

    6 × 9 = 9 + __ + __ + __ + __ + __ = ___

    7 × 9 = __ + __ + __ + __ + __ + __ + __ = ___

    8 × 9 = __ + __ + __ + __ + __ + __ + __ + __ = ___

    9 × 9 = __ + __ + __ + __ + __ + __ + __ + __ + __ = ___

    10 × 9 = __ + __ + __ + __ + __ + __ + __ + __ + __ + __ = ___

    > Quando escrevemos 4 × 9, devemos considerar ___ vezes o número ___. Por isso, representamos por meio da escrita aditiva: ___ + ___ + ___ + ___.

2. Observe as respostas que você deu na atividade 1 e responda:

    a) Os resultados aumentam ou diminuem? _____

    b) De quanto em quanto? _____

    c) Os resultados são pares ou ímpares?
    _____

170

3. Escreva nos quadros abaixo, em ordem crescente, os resultados das tabuadas do 3 e do 9.

Resultados da tabuada do 3	Resultados da tabuada do 9

• Agora multiplique os resultados da tabuada do 3 por 3. O que acontece?

_____

_____

Dizemos que uma quantidade é o **triplo** da outra quando ela equivale a 3 vezes a outra. Dessa maneira, podemos afirmar que os resultados da tabuada do 9 são _____ dos resultados da tabuada do 3.

171

Multiplicação por decomposição

Maria e Roberto usaram estratégias diferentes para calcular 3 × 32.

Observando a estratégia de Maria, podemos dizer que ela fez uma multiplicação por decomposição.

1. Represente no quadriculado as multiplicações e depois registre os cálculos por decomposição que você fez. Veja o exemplo.

   a) 2 × 12 = ___

   b) 3 × 25 = ___

   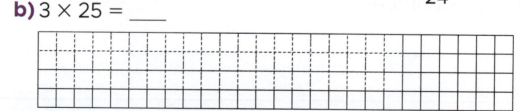

   c) 2 × 21 = ___

   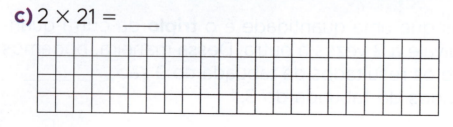

172

2. Resolva as multiplicações a seguir por decomposição.

a) 4 × 18 = _____

18 → _____
 4   × 4
_____   _____

_____   _____

_____   _____

c) 2 × 13 = _____

13 → _____
 2   × 2
_____   _____

_____   _____

_____   _____

b) 3 × 21 = _____

21 → _____
 3   × 3
_____   _____

_____   _____

_____   _____

d) 5 × 16 = _____

16 → _____
 5   × 5
_____   _____

_____   _____

_____   _____

3. Agora, vamos multiplicar por centenas também. A estratégia continuará sendo por decomposição. Veja:

$$212 \times 2 = 424$$

212 → 200 + 10 + 2
× 2   ×   2
_____   _____
           2 × 2 =   4
           2 × 10 = 20
           2 × 200 = 400
           _____
                    424

173

a) 3 × 221 = _____

221 → _____
  3   × 3
____   _____

_____

_____

_____

_____

c) 3 × 132 = _____

132 → _____
  3   × 3
____   _____

_____

_____

_____

_____

b) 4 × 212 = _____

212 → _____
  4   × 4
____   _____

_____

_____

_____

_____

d) 5 × 120 = _____

120 → _____
  5   × 5
____   _____

_____

_____

_____

_____

Algoritmo da multiplicação

Lúcia comprou 3 caixas de ovos com 1 dúzia em cada. Quantos ovos Lúcia comprou?

Para calcular quantos ovos Lúcia comprou, podemos fazer a multiplicação 3 × 12.

Multiplicamos os números de acordo com as ordens. Começamos pela unidade, que nesse caso é 2. Então fazemos 3 × 2 e escrevemos o resultado dessa multiplicação na ordem da unidade. Depois vem a dezena, então calculamos 3 × 1 (que na verdade é 3 × 10) e escrevemos o resultado na ordem da dezena, já que ele equivale a 3 dezenas.

Dezena	Unidade
1	2
×	3
3	6

1. Resolva as multiplicações de dois jeitos diferentes: pelo algoritmo da decomposição e pelo algoritmo convencional apresentado anteriormente. Veja um exemplo:

Multiplicação por decomposição   **Algoritmo convencional**

a) 4 × 21 = _____

```
   20 + 1
 ×      4
---------
 4 × 1  =  4
 4 × 20 = 80
---------
          84
```

Dezena	Unidade
2	1
×	4
8	4

b) 5 × 11 = _____

Dezena	Unidade

c) 3 × 23 = _____

Dezena	Unidade

175

Multiplicação com centena

Uma fábrica de pulseiras artesanais acabou a produção de uma nova coleção. Tudo foi organizado em 3 caixas com 123 pulseiras em cada uma. Quantas pulseiras foram produzidas?

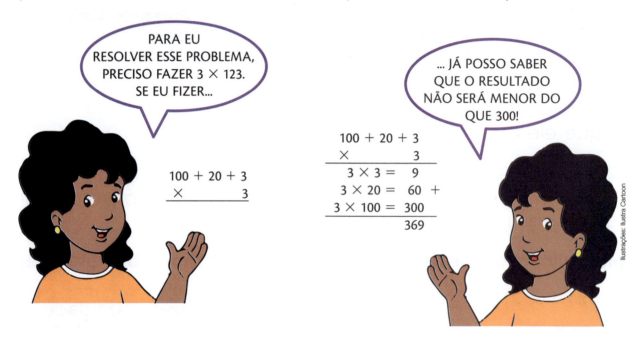

Porém, podemos multiplicar 123 × 3 de uma outra maneira.

Observe: para multiplicar números com centenas, devemos organizar o algoritmo com o quadro de ordens incluindo a centena. Começamos multiplicando as unidades: 3 × 3 unidades é igual a 9.

Centena	Dezena	Unidade
1	2	3
×		3
		9

Agora devemos multiplicar as dezenas, que são 2. Então, temos 3 × 20 = 60 ⟶ 60 unidades ou 6 dezenas.

Centena	Dezena	Unidade
1	2	3
×		3
	6	9

E por último devemos multiplicar a centena. Teremos, então, 3 × 100 = 300 ⟶ 300 unidades ou 3 centenas.

Centena	Dezena	Unidade
1	2	3
×		3
3	6	9

1. Resolva as multiplicações por decomposição e pelo algoritmo convencional.

Multiplicação por decomposição   **Algoritmo convencional**

a) 4 × 121 = _____

```
  100 + 20 + 1
  ×          4
  ─────────────
  4 × 1   =   4
  4 × 20  =  80
  4 × 100 = 400
  ─────────────
            484
```

Centena	Dezena	Unidade
1	2	1
×		4
4	8	4

b) 5 × 111 = _____

Centena	Dezena	Unidade

c) 3 × 223 = _____

Centena	Dezena	Unidade

Repartir igualmente

1. Gabriela tem 14 adesivos repetidos em sua coleção e quer dividir essa quantidade igualmente entre suas duas amigas, Carina e Marcela. Para dar a mesma quantidade a cada menina, Gabriela pensou:

EU TENHO ESSES 14 ADESIVOS REPETIDOS. POSSO IR DANDO UM ADESIVO PARA CADA UMA ATÉ ACABAR TODOS.

- Gabriela deu 1 adesivo a cada menina. Ela deu ____ adesivos de sua coleção e ficou com ____ adesivos.

- Gabriela deu mais 1 adesivo a cada menina. Ela deu ____ adesivos de sua coleção e ficou com ____ adesivos. Ela já retirou de sua coleção ____ adesivos.

- Gabriela deu mais 1 adesivo a cada menina. Ela deu ____ adesivos de sua coleção e ficou com ____ adesivos. Ela já retirou de sua coleção ____ adesivos.

- Gabriela deu mais 1 adesivo a cada menina. Ela deu ____ adesivos de sua coleção e ficou com ____ adesivos. Ela já retirou de sua coleção ____ adesivos.

- Gabriela deu mais 1 adesivo a cada menina. Ela deu ____ adesivos de sua coleção e ficou com ____ adesivos. Ela já retirou de sua coleção ____ adesivos.

- Gabriela deu mais 1 adesivo a cada menina. Ela deu ____ adesivos de sua coleção e ficou com ____ adesivos. Ela já retirou de sua coleção ____ adesivos.

- Gabriela deu mais 1 adesivo a cada menina. Ela deu ____ adesivos de sua coleção e ficou com ____ adesivos. Ela já retirou de sua coleção ____ adesivos.

2. Diego tinha 10 brinquedos e resolveu distribuir igualmente essa quantidade entre 3 primos. Veja as distribuições que Diego fez.

- Diego deu 1 brinquedo a cada primo. Ele deu ____ brinquedos e ficou com ____ brinquedos.

- Diego deu mais 1 brinquedo a cada primo. Ele deu ___ brinquedos e ficou com ___ brinquedos. Ele já deu ___ brinquedos.

- Diego deu mais 1 brinquedo a cada primo. Ele deu ___ brinquedos e ficou com ___ brinquedo. Ele já deu ___ brinquedos.

ESSE AQUI VOU DEIXAR EM CASA! DEPOIS EU BRINCO COM ELE!

Na divisão, temos a ideia de distribuição em partes iguais. Isso pode ser feito distribuindo quantidades iguais várias vezes até acabar o que está sendo distribuído ou até não conseguirmos mais distribuir a mesma quantidade para cada um.

- Foi o que aconteceu com Diego. Quando ele tinha apenas 1 brinquedo, viu que não poderia dar mais 1 brinquedo a cada primo, pois precisaria de 3 brinquedos. Então, ele parou a distribuição e ficou com 1 brinquedo.

Assim: 10 ÷ 3 = 3 e resta 1 ⟶ Brinquedos que restaram.

Total de brinquedos.

Quantidade de primos.

Quantidade de brinquedos que cada primo recebeu.

3. Resolva, por meio de desenho, a distribuição da quantidade de alunos em cada grupo.

a) 9 ÷ 3 = ____ e restam _____

○ ○ ○

b) 6 ÷ 2 = ____ e restam _____

c) 10 ÷ 4 = ____ e restam ____

Metade e quarta parte

1. Você sabe o que significa **metade**? Procure no dicionário o significado dessa palavra e anote-o a seguir.

_____

_____

2. Converse com os colegas e o professor sobre situações do dia a dia em que usamos a palavra **metade**. Cite exemplos.

_____

_____

_____

3. Contorne a metade de cada quantidade abaixo.

a) 10 maçãs

c) 8 bananas

e) 16 peras

b) 20 laranjas

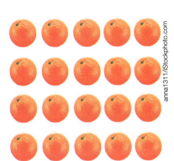

d) 18 morangos

f) 6 abacaxis

4. Siga o passo a passo e responda o que observou.

a) Recorte um círculo a partir do contorno de uma tampa circular.

b) Dobre-o ao meio. Quantas partes iguais você obteve?

_____

c) Recorte e pinte as partes obtidas com cores diferentes.

d) Dobre ao meio cada uma das partes obtidas da primeira dobra e recorte todas as partes.

e) Em quantas partes você dividiu o círculo?

_____

f) Faça um desenho para mostrar como você efetuou as divisões do círculo.

5. Depois de ter feito as dobras do círculo na atividade anterior, leia o texto e preencha as lacunas com as informações obtidas.

• Quando dobramos o círculo pela primeira vez, encontramos ____ partes _____. Cada parte equivale à _____ do círculo inteiro. Quando dobramos pela segunda vez, dividimos cada parte ao meio novamente e obtivemos a metade da metade, o que representou dividir o círculo inteiro em ____ partes _____.

NOSSA! ENTÃO A QUARTA PARTE É A METADE DA METADE!

É ISSO MESMO! E PARA A GENTE DESCOBRIR QUANTO É A QUARTA PARTE, BASTA PENSAR QUANTO É A METADE E DEPOIS A METADE DE NOVO!

6. Pinte as figuras geométricas que estão divididas em partes iguais. Escreva embaixo em quantas partes iguais a figura foi dividida.

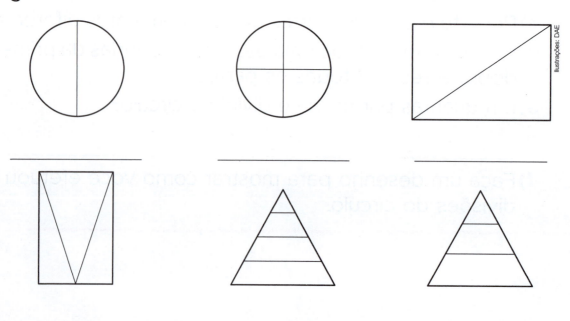

184

Terça, quarta, quinta e décima partes

1. Você sabe o que é **terça parte**? Observe na imagem ao lado que, para encontrarmos a metade de uma folha de papel sulfite, precisamos dobrá-la ao meio, e então obtemos duas partes iguais.

   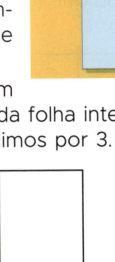

   Converse com os colegas e, juntos, encontrem a terça parte de uma folha.

   Cada parte da folha dividida em 3 partes iguais é a terça parte da folha inteira. Então, para encontrar a terça parte dividimos por 3.

   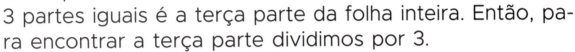

2. Pinte a **terça parte** das figuras abaixo.

   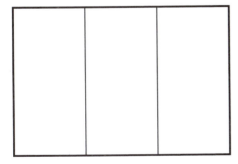  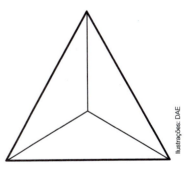

3. Descubra qual é a terça parte de:

   a) 15 bolas; _____   b) 18 morangos. _____

185

NÓS JÁ SABEMOS QUE PARA ENCONTRAR A METADE DIVIDIMOS POR 2. E PARA ENCONTRAR A TERÇA PARTE DIVIDIMOS POR 3. ENTÃO, PARA ENCONTRAR A QUARTA PARTE DIVIDIMOS POR _____! A QUINTA PARTE, POR _____, E A DÉCIMA PARTE, POR _____!

4. Com base no que foi dito por Juliana, pinte a quarta parte das figuras.

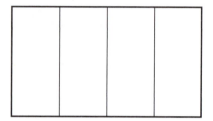 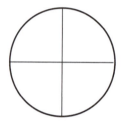 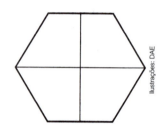

5. Encontre a quarta parte de:

  a) 12 laranjas; _____   **c)** 8 morangos. _____

  b) 16 bolas; _____

6. Calcule o que se pede em cada item.

  a) A metade de 60: _____.

  A metade de 600: _____.

  b) A quarta parte de 32: _____.

  A quarta parte de 320: _____.

  c) A terça parte de 27: _____.

  A terça parte de 270: _____.

  d) A décima parte de 50: _____.

  A décima parte de 500: _____.

Estimativa

Um caminhoneiro está em uma distribuidora de água para carregar seu caminhão e partir para as entregas. O caminhão tem capacidade de carregar a terça parte dos engradados que estão dispostos no depósito. Sabendo que há 195 engradados, quantos o caminhoneiro poderá levar?

1. Estime quantos engradados o caminhoneiro levará e assinale a alternativa que mais se assemelha à sua estimativa.

    ☐ Mais de 50 e menos de 60.

    ☐ Menos de 50.

    ☐ Mais de 60 e menos de 70.

2. Use a calculadora para descobrir se você fez uma boa estimativa.

3. Contorne na calculadora as teclas que você digitou para descobrir.

4. Sua estimativa foi boa? Contorne para responder.

5. Quantos engradados de água o caminhoneiro colocará no caminhão? _____

    • Converse com os colegas e o professor sobre como você fez para estimar quantos engradados de água o caminhoneiro levará no caminhão.

187

◆ Calculadora

1. Quais teclas da calculadora devemos digitar para aparecer o número 150 no visor? Pinte de acordo com a legenda:

    para o primeiro número que você deve digitar

    para o segundo número que você deve digitar

    para o terceiro número que você deve digitar

   • Agora, sem apagar o número 150, pinte as teclas que devem ser digitadas para obter o número 200 no visor.

   _____

   _____

2. Para que o número 600 apareça no visor da calculadora, quais teclas você deve digitar?

   • Primeiro digito a tecla: ___;

   • Em seguida, digito a tecla: ___;

   • E por último digito a tecla: ___.

   • Agora, sem apagar o número 600 que está no visor, quais teclas você deve digitar para obter o número 200?

   _____

3. Limpe o visor dos cálculos anteriores, digite 900 + 100 e aperte =.

   • Que resultado apareceu no visor? _____

Medida de capacidade: o litro e o mililitro

1. Veja a conversa de Letícia com a mãe dela.

a) O que você acha da ideia da mãe de Letícia? Quantos copos de suco você estima que cabem em uma jarra? Junte-se com os colegas e o professor para conversar sobre isso e depois façam um teste para conferir a estimativa de vocês.

- Conclusão: A mãe de Letícia usará ____ copos para encher uma jarra de suco.

b) Se a mãe de Letícia usar uma xícara de chá para encher a mesma jarra, quantas xícaras serão necessárias? Acompanhe o enchimento da jarra para avaliar sua estimativa.

☐ Mais de 20.

☐ Mais de 10 e menos de 20.

☐ Mais de 5 e menos de 10.

c) E se ela usar uma xícara de café? Acompanhe o enchimento da jarra para avaliar sua estimativa.

2. Vamos estimar a capacidade de outros recipientes usando recipientes menores como unidade de medida. Complete o quadro com suas estimativas e depois confira as respostas.

As imagens não estão representadas em proporção.

Capacidade que será medida	Objeto que será usado como unidade de medida	Estimativa	Valor obtido/ conferência
xícara de chá	xícara de café		
xícara de café	colher de café		
balde	jarra		

190

3. O recipiente ao lado foi preenchido usando-se somente 1 copo de suco de laranja. Veja:

- Marque até quanto o recipiente será preenchido se usarmos 3 copos de água e considerando que ele estará vazio.

> Quando calculamos a quantidade de líquido que cabe dentro de um recipiente, estamos medindo a **capacidade** desse recipiente.
>
> Podemos medir a capacidade de jarras, copos, xícaras, vasilhas, baldes, panelas, piscinas e outros objetos que armazenam líquidos.
>
> Nas atividades anteriores, descobrimos a capacidade de alguns recipientes usando outros como unidade de medida; mas usando uma medida-padrão, também é possível fazer essa medição.
>
> A unidade de medida usualmente utilizada para determinar capacidade é o **litro**, e o símbolo utilizado para representar essa medida é o **L**.

4. Quando você ou um adulto vai comprar leite, qual é a unidade de medida que vocês utilizam?

_____

5. Converse com um colega e listem o nome de três produtos que podem ser comprados usando a medida **litro (L)**.

_____

6. Leia novamente o problema 1 apresentado na página 187. A jarra que ela vai utilizar tem capacidade para 1 litro de suco, e são necessários 5 copos para enchê-la. Quantas jarras de suco serão necessárias para que todas as meninas tomem 1 copo de suco? Desenhe para explicar como você pensou.

_____

Pensando no problema da mãe de Letícia, dizemos que são necessários 5 copos cheios de suco para encher uma jarra com 1 litro de capacidade.

Portanto, o copo tem capacidade menor que um litro.

7. Observe as embalagens abaixo.

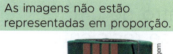
As imagens não estão representadas em proporção.

a) Qual é o símbolo que indica a quantidade de líquido que está dentro de cada uma delas? _____

b) Escreva ao lado de cada imagem a capacidade que está representada na embalagem.

Quando temos embalagens ou recipientes com capacidade inferior a 1 L, usamos outra unidade de medida, o **mililitro**. Ele corresponde à milésima parte do litro, ou seja, 1 mililitro é obtido dividindo-se 1 litro em mil partes iguais.

Essa unidade de medida é representada por **mL**.

1 L = 1000 mL

8. Veja esta promoção:

a) Como está indicada a quantidade de líquido na embalagem? _____

b) E no texto referente à promoção do produto, como está indicada a quantidade de líquido? _____

c) Como você explicaria que essas duas formas de escrita estão corretas?

9. Observe as embalagens abaixo e complete o quadro.

Capacidade maior que 1 L	Exatamente 1 L	Capacidade menor que 1 L

10. Marque com um **X** os objetos em que cabe mais de 1 L.

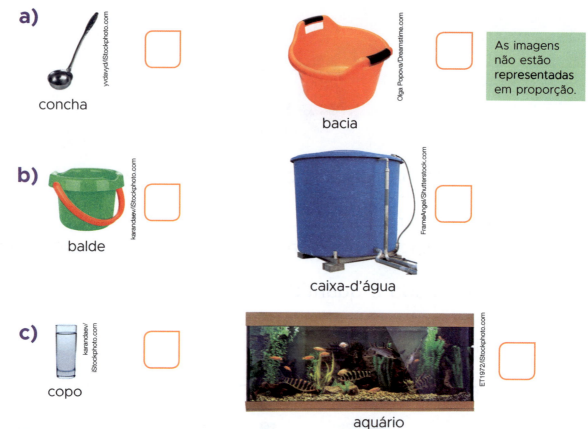

As imagens não estão representadas em proporção.

a) concha / bacia

b) balde / caixa-d'água

c) copo / aquário

11. Veja as embalagens abaixo. O que elas têm em comum?

Alguns recipientes têm capacidade para **metade de 1 litro**, ou **meio litro**.

São embalagens com capacidade de **500 mL**, que é o mesmo que dividir 1000 mL por 2.

Se juntarmos 2 recipientes de meio litro teremos ____ L.

Estatística: organizando uma pesquisa

A professora do 3º ano queria explorar um pouco mais as diferentes unidades de medida com os alunos. Então, resolveu fazer um bolo junto com eles. Veja a lista de ingredientes e o modo de preparo do bolo que ela escolheu.

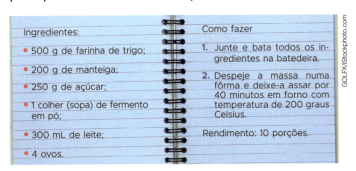

Quando a professora apresentou essa receita na sala de aula, as crianças disseram que a conheciam e que gostavam de outros sabores de bolo: cenoura, chocolate, fubá, laranja e mandioca.

Ao perceber que os sabores citados eram diferentes do proposto por ela, a professora fez uma pesquisa com a finalidade de ajudá-los a decidir qual bolo seria feito pela turma.

1. Veja a tabela que os alunos elaboraram inicialmente com as preferências de sabor de cada um.

Sabor de bolo	Quantidade de alunos
cenoura	8
chocolate	10
fubá	5
laranja	7
mandioca	3

Fonte: Dados coletados pela professora do 3º ano.

Agora responda:

a) Quantos alunos há nessa sala de 3º ano? _____

b) Qual foi o sabor mais citado pelos alunos? _____

195

2. Vamos ver como se constrói um gráfico com essas informações?

- Primeiro é preciso desenhar os eixos vertical e horizontal para indicar, em um deles, a quantidade de alunos, e no outro, o sabor de bolo.

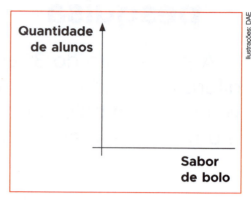

- No eixo que representa o sabor de bolo fazemos marcas de 1 cm – ou de outra medida que acharmos melhor – usando a régua. Devemos cuidar para que a distância entre cada marca corresponda à medida escolhida. Depois, fazemos o mesmo no eixo que representa a quantidade de alunos. Veja na figura ao lado.

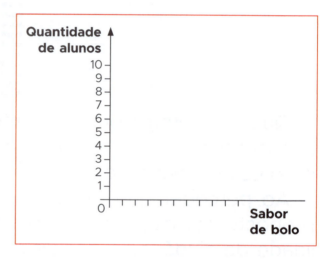

- Depois, construímos uma coluna para cada sabor, na altura que corresponde à quantidade de votos que aquele sabor recebeu, e pintamos cada coluna com uma cor.

- Não se esqueça de completar indicando a fonte de coleta dos dados. Ela é muito importante para quem vai ler o gráfico. Nesse caso, por exemplo, podemos escrever: "Dados coletados pela professora do 3º ano".

- Para finalizar, temos de dar um título ao nosso gráfico.

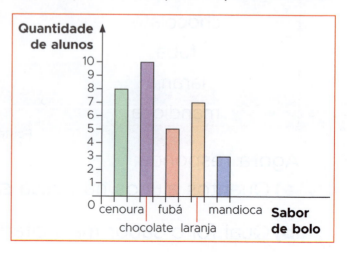

196

a) Agora, você e os colegas vão ajudar o professor a organizar uma pesquisa para saber qual é o sabor de bolo preferido pelos alunos da turma. Organizem as informações em uma tabela.

b) Junto com um colega, retome as orientações para construção de um gráfico. Em seguida, cada um deverá construir o próprio gráfico.

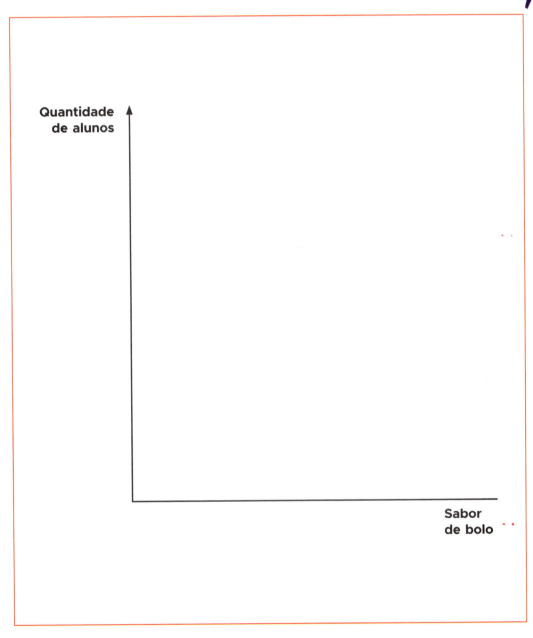

c) Que título você deu para o gráfico?

_____

197

Coleção de problemas

Veja a seguir algumas dicas que podem ajudá-lo a resolver os problemas. Leia-as com os colegas e, junto com toda a turma, faça um cartaz para a sala de aula, avaliando se essas dicas podem ser ampliadas. Lembre-se de consultá-las antes de resolver problemas.

- Identifique a pergunta do problema. Sempre que necessário pinte-a para destacar.
- Selecione as informações relevantes do problema. Pinte-as de cores diferentes.
- Ao elaborar a resposta, verifique se ela está completa e se atende ao que o problema está perguntando.

1. Veja as informações a respeito do consumo de água em algumas atividades diárias que fazemos.

Atividade diária	Consumo diário por pessoa	Consumo diário de 4 pessoas
Escovar os dentes	1 litro	
Tomar banho (5 min)	20 litros	
Descarga de sanitário	20 litros	
Lavar a louça	15 litros	
Lavar a roupa no tanque	16 litros	
Total		

Disponível em: <www.gazetadopovo.com.br/vida-e-cidadania/saiba-a-quantidade-de-agua-que-voce-gasta-nas-atividades-diarias-a5ehn0akx1we77po5nineomry>. Acesso em: ago. 2017.

a) Complete a tabela com os dados que estão faltando.

b) Sabe-se que a caixa-d'água da casa de Helena tem capacidade para 1000 L de água, e que na casa dela, incluindo ela, moram 4 pessoas. Por quantos dias essa caixa-d'água poderá ser usada para as atividades diárias citadas na tabela, considerando que não haverá reabastecimento?

_____

2. Cláudio é dono de uma padaria. Ele compra pacotes de farinha de 5 kg. Na última compra, ele adquiriu 11 pacotes. Quantos quilos de farinha ele comprou?

_____

3. Um agricultor, de 37 anos, tinha 66 espigas de milho. Ele vendeu 45. Quantas espigas ele ainda tem para vender?

_____

199

Cálculo mental

1. Descubra o caminho que o coelho deverá percorrer para chegar até a cenoura subtraindo de 5 em 5.

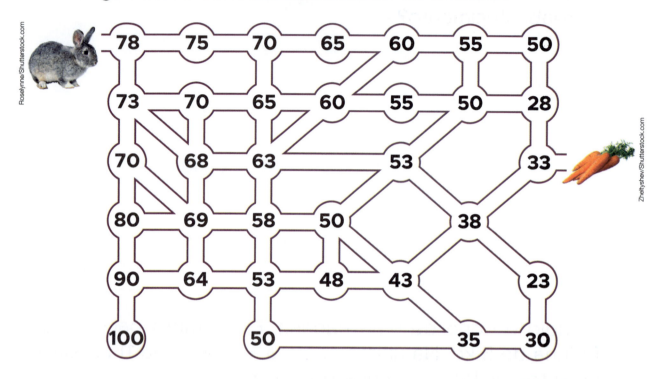

2. Descubra o caminho que levará o cachorro até a casinha passando pelo dobro de cada número. Comece a partir do 2.

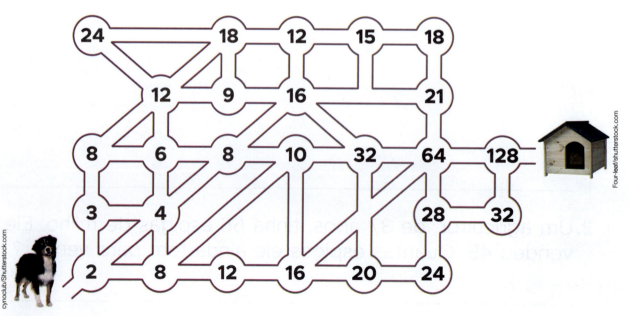

3. Pinte da mesma cor as operações com resultados iguais.

cor 1   cor 2   cor 3   cor 4

| 13 + 13 | | 100 − 4 | 75 − 25 | 90 + 6 | 40 + 56 | 30 − 4 |
| | 25 + 25 | 70 − 9 | 3 + 20 + 3 | 56 − 30 | | 30 + 31 |

4. A multiplicação também pode ser feita com a ajuda da reta numérica.

• Para calcular 4 × 6, o grilo saltitante pulará 4 vezes 6 unidades na reta. Observe:

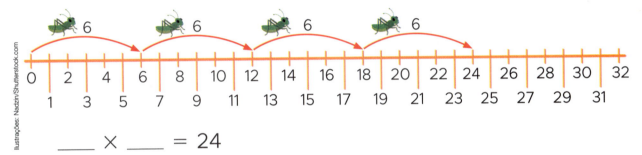

___ × ___ = 24

• Para calcular 5 × 3, o grilo saltitante pulará ___ vezes ___ unidades na reta.

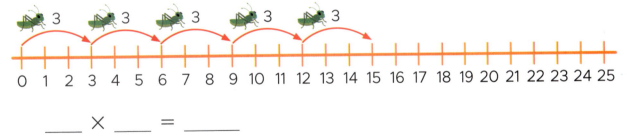

___ × ___ = ___

• Para calcular 3 × 9, o grilo saltitante pulará ___ vezes ___ unidades na reta.

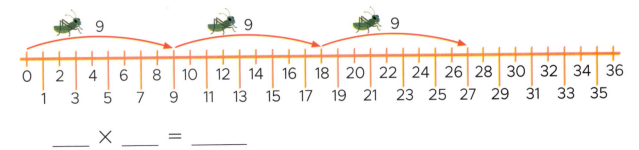

___ × ___ = ___

201

Retomada

1. Para encher um caldeirão com água, João precisa de 24 copos de água.

Se ele colocar 20 copos de água, o caldeirão ficará com:

☐ mais da metade de sua capacidade de água.

☐ exatamente a metade de sua capacidade de água.

☐ menos da metade de sua capacidade de água.

2. Indique a capacidade com a medida aproximada. Use o banco de medidas.

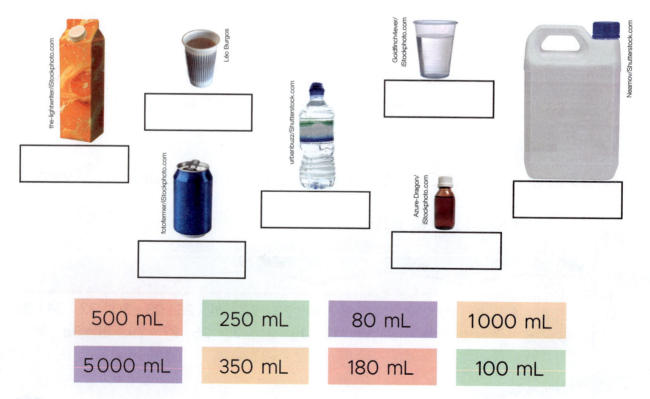

500 mL   250 mL   80 mL   1000 mL

5 000 mL   350 mL   180 mL   100 mL

202

3. Preencha o quadro com as multiplicações.

×	0	1	2	3	4	5	6	7	8	9	10
0	0	0	0	0	0	0	0	0	0	0	0
1	0	1									
2	0	2									
3	0	3									
4	0	4									
5	0	5									
6	0	6									
7	0	7									
8	0	8									
9	0	9									
10	0	10									

4. Resolva as multiplicações como preferir.

a) 4 × 122 = _____   **b)** 7 × 11 = _____

Periscópio

📖 Para ler

Por que economizar água? Aprendendo sobre o uso racional da água, de Jen Green e Mike Gordon. São Paulo: Scipione, 2004.

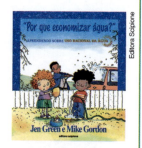

Você sabe a resposta para o título desse livro? Se pensou que é porque a água pode acabar, acertou! E evitar que isso aconteça só depende de nós, seres humanos. Com essa história, você vai aprender a usar bem esse recurso tão importante: a água!

Convivendo com o dinheiro, da Unicef. Tradução de Luciano Vieira Machado. São Paulo: Ática, 2003.

Será que desejo é o mesmo que necessidade? O dinheiro pode comprar tudo? No livro são apresentados esses e outros temas relacionados ao dinheiro e a como ele deve ser usado com inteligência.

UNIDADE 8

Pega-varetas

1. Na imagem ao lado, o palito azul-escuro está por cima de todos os outros.

   Se fôssemos retirar todos os palitos começando por ele, qual seria a ordem de retirada?

1º → azul-escuro

Geometria: figuras planas

Conheça a lenda de um quebra-cabeça geométrico para aprender um pouco mais das figuras planas.

1. Recorte da página 255 do **Material complementar** as peças do Tangram. Junte-se a um colega para construir uma figura usando as sete peças, que devem sempre estar encostadas a, pelo menos, uma outra peça. Troque a figura com outra dupla, que reproduzirá a figura feita por vocês, sem fazer sobreposição.

2. Observe as figuras abaixo. Usando seu Tangram, monte cada uma delas.

- Escreva uma dica contando como você fez para montar cada figura da página anterior. Depois, socialize essa informação com os colegas e procure saber quais foram as ideias deles.

_____

_____

_____

_____

- Volte para as figuras que você formou e pinte:
  - o quadrado de azul;
  - os triângulos grandes de amarelo;
  - o triângulo médio de verde;
  - o paralelogramo de rosa;
  - os triângulos pequenos de laranja.

3. A figura abaixo foi formada com as sete peças do Tangram. Usando seu Tangram, descubra como posicionar as peças para sobrepor essa figura completamente.

4. Complete o quadro abaixo com as **propriedades das figuras planas** representadas considerando a quantidade de lados e suas medidas.

Figura	Propriedade

5. Escolha uma figura plana de cada agrupamento representado na atividade anterior e faça seu desenho na malha quadriculada usando a régua. Depois que terminar o desenho na malha, trace as linhas que representam a divisão da figura em duas partes iguais e sobrepostas, ou seja, o **eixo de simetria** de cada uma das figuras que você desenhou.

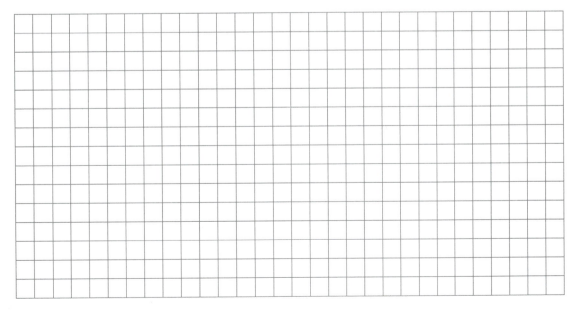

209

6. Usando dois triângulos de mesmo tamanho do Tangram, construa outras figuras planas. Desenhe as figuras na malha pontilhada usando a régua.

Ilustrações: DAE

7. Agora, com três peças do Tangram, construa:

a) um quadrado;

b) um retângulo;

c) um triângulo;

d) um paralelogramo.

- Escolha uma das quatro figuras que você construiu para representar na malha pontilhada abaixo.

Giramundo

Arte e Geometria

1. Observe a obra de arte e responda às perguntas a seguir.

Rubem Ludolf. *Sem título*. Óleo sobre tela, 54 cm × 54 cm.

a) O que você observa na obra?
b) Quais são as cores que aparecem nela?
c) Quais figuras geométricas estão representadas?

2. Usando as figuras geométricas planas do Tangram, sente-se com um colega e construam uma obra de vocês.

211

Congruência de figuras geométricas planas

1. Pinte as figuras geométricas planas de acordo com a legenda.

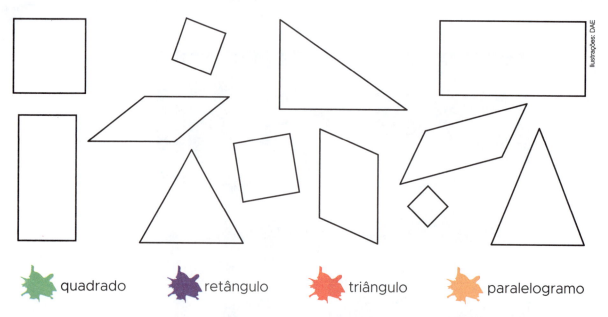

quadrado   retângulo   triângulo   paralelogramo

2. Assinale as alternativas que caracterizam cada figura que você pintou.

a) Quadrado:

☐ tem 4 lados.

☐ tem 4 lados de medidas diferentes.

☐ tem 4 lados de mesma medida.

b) Retângulo:

☐ tem 4 lados.

☐ tem 4 lados de medidas diferentes entre si.

☐ tem pares de lados opostos de mesma medida.

☐ tem 4 lados de mesma medida.

c) Triângulo:

☐ tem 3 lados.

☐ pode ter 3 lados de medidas diferentes entre si.

☐ tem pares de lados opostos de mesma medida.

☐ pode ter 3 lados de mesma medida.

• Com base nas alternativas assinaladas nos itens anteriores, escreva com o professor e os colegas uma conclusão sobre as características comuns e diferentes entre quadrado e retângulo.

_____

_____

3. Como podemos descobrir se uma figura é exatamente igual a outra? Converse com o professor sobre utilizar a estratégia discutida com a turma para descobrir se há figuras geométricas exatamente iguais nas ilustrações da atividade 1.

Quando duas figuras são exatamente iguais no tamanho e na forma, dizemos que são **congruentes**.

As figuras congruentes têm lados e ângulos correspondentes de mesma medida.

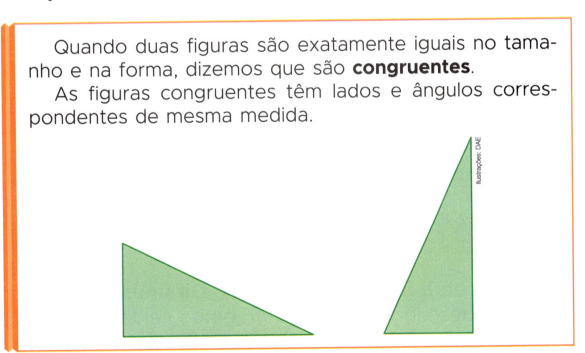

4. Desenhe retângulos, triângulos e paralelogramos congruentes usando a malha pontilhada.

5. Desenhe na malha quadriculada 2 pentágonos congruentes, 2 triângulos congruentes e 2 hexágonos congruentes. Faça as figuras em posições diferentes.

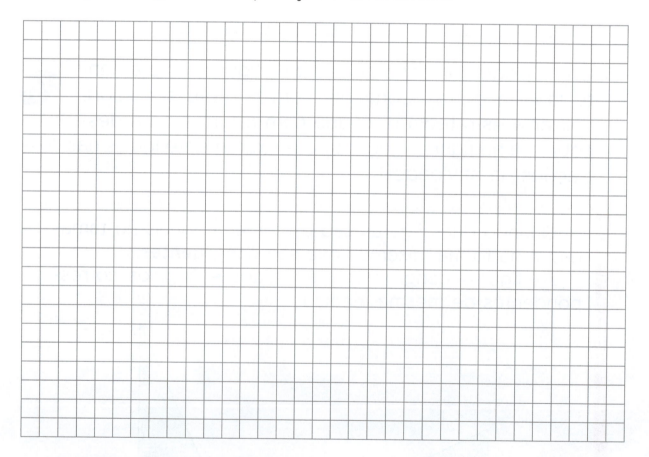

6. Reveja a obra de Rubem Ludolf no **Giramundo** desta unidade, e descubra figuras congruentes nelas.

O milhar

Uma papelaria comprou 10 cartelas de adesivos iguais a esta. Quantos adesivos a papelaria tem para vender?

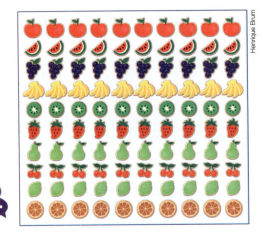

- Forme grupo com os colegas e discutam como podemos fazer para descobrir a quantidade de adesivos que a papelaria tem para vender. Registre como vocês pensaram.

Compartilhem a solução de vocês com a turma e registrem uma solução diferente da que fizeram.

Para descobrir a quantidade de adesivos que a papelaria poderá vender, podemos contar de 100 em 100. Veja:

100 + 100 + 100 + 100 + 100 + 100 + 100 + 100 + 100 + 100

ou

100, 200, 300, 400, 500, 600, 700, 800, 900, 1000.

Como você pode perceber, para juntar 1000 adesivos, precisamos de 10 cartelas com 100 adesivos em cada uma.

1. Observe as imagens.

Na imagem à esquerda, observa-se que uma placa de centena é formada por 10 barras de dezenas.

Na imagem ao lado, vê-se que um cubo grande, de milhar, é formado por 10 placas de dezenas.

Então, podemos afirmar que em 1 unidade de milhar temos 10 centenas, 100 dezenas e 1000 unidades.

Complete as lacunas observando as imagens.

- Em uma unidade de milhar temos _____ centenas, _____ dezenas e _____ unidades.

Assim, 1000 = 1000 unidades ou

100 dezenas ou

10 centenas ou

1 unidade de milhar.

O número 1000 é lido como: *um mil ou mil.*

2. Complete as lacunas de acordo com o exemplo.

1000 + 100 + 30 + 2 = 1132

Escrita por extenso: *mil, cento e trinta e dois.*

a)

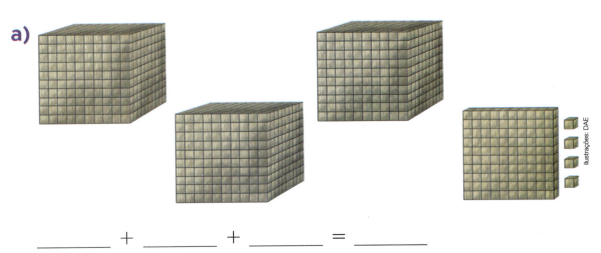

_____ + _____ + _____ = _____

Escrita por extenso:

_____

b)

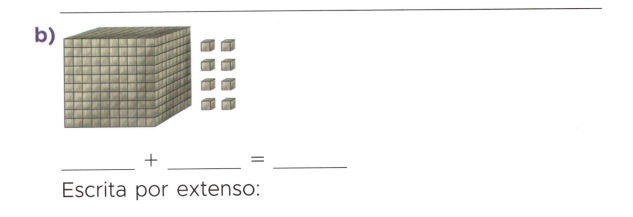

_____ + _____ = _____

Escrita por extenso:

_____

3. Responda estimando a quantidade para cada item: Há mais ou há menos que 1000 unidades?

a) Pessoas que moram em sua cidade.

_____

b) Alunos em sua escola.

_____

c) Ossos em nosso corpo.

_____

d) Palavras na língua portuguesa.

_____

217

4. Forme mil usando adições e subtrações.

| ___ + 100 | 500 + ___ | ___ − 100 | ___ − 700 |

1000   1000

| 600 + ___ | ___ + 300 | 2 000 − ___ | 1300 − ___ |

5. Você já conhece as fichas de números. Agora faça o que se pede.

a) Pense em dois números de quatro algarismos e desenhe as fichas de que você precisaria para formá-los.

b) Entregue o livro a um colega, que vai ler os números e fazer os registros indicados abaixo.

• A escrita da leitura dos números foi feita por:

_____

• Primeiro número (por extenso):

_____

• Segundo número (por extenso):

_____

c) Verifique o que foi escrito pelo colega. Converse com ele sobre as respostas.

6. Escreva os números que serão ditados pelo professor.

a) _____   c) _____   e) _____

b) _____   d) _____   f) _____

7. Observe o quadro numérico.

1301	1302	1303	1304	1305	1306	1307	1308	**1309**	1310
1311	1312	1313	1314	1315	1316	**1317**	1318	1319	1320
1321	1322	1323	**1324**	1325	1326	1327	1328	1329	1330
1331	**1332**	1333	1334	1335	1336	1337	1338	1339	1340
1341	**1342**	1343	1344	**1345**	1346	1347	1348	1349	1350
1351	1352	**1353**	1354	**1355**	1356	1357	1358	1359	1360
1361	1362	1363	**1364**	1365	1366	1367	1368	1369	1370
1371	1372	1373	**1374**	1375	1376	1377	1378	1379	1380
1381	1382	1383	1384	1385	1386	**1387**	1388	1389	1390
1391	1392	1393	1394	1395	1396	1397	**1398**	1399	**1400**

a) Qual é o menor número do quadro numérico? _____

b) Qual é o maior número do quadro numérico? _____

c) Por quantos algarismos são formados os dois números que você escreveu nos itens **a** e **b**?

_____

e) Escreva os números que estão pintados no quadro numérico em ordem decrescente.

_____

_____

8. Complete as sequências numéricas.

a) | 1324 | 2324 | 3324 | | | | |

b) | 1890 | 2890 | 3890 | | | | |

c) | 2500 | 3500 | 4500 | | | | |

- O que você percebeu em todas as sequências numéricas que completou?

_____

_____

9. Escreva todos os números pares que estão entre 1990 e 2000.

_____

10. Complete o quadro seguindo o exemplo.

Número	5 unidades a mais	5 dezenas a mais	5 centenas a mais
1342	1347	1392	1842
1221			
1110			

Agora compare os números que estão em uma mesma linha. O que mudou? O que permaneceu?

_____

_____

_____

Multiplicação

Tabuada do 7

1. Quantas vezes as sete estrelas se repetem em cada coluna? Complete e determine o resultado. Descubra também quantas estrelas há em cada coluna.

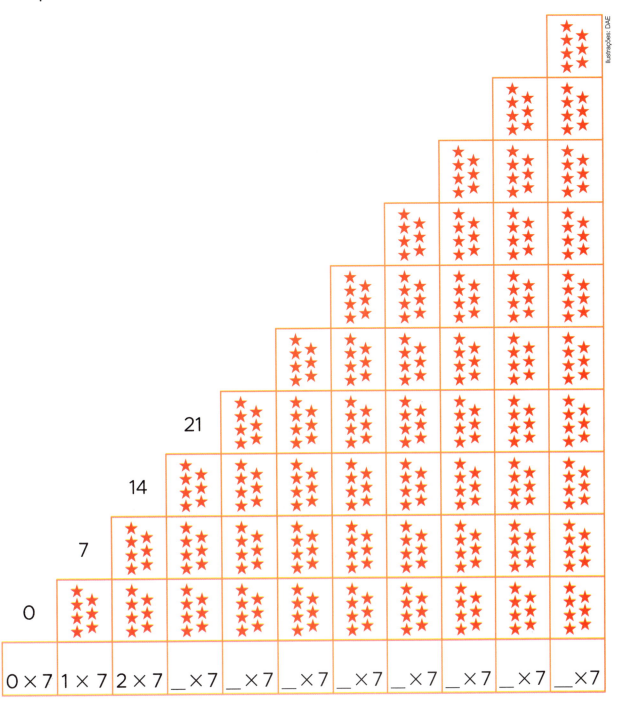

2. Você já aprendeu a representar a tabuada com escritas aditivas. Represente as multiplicações com a escrita aditiva.

a) 6 × 7 = _____

b) 7 × 7 = _____

c) 7 × 2 = _____

d) 5 × 7 = _____

e) 7 × 5 = _____

3. Leia e resolva as situações-problema escolhendo as escritas aditiva e multiplicativa que as representam.

a) Em cada uma das 2 prateleiras de uma estante foram colocados 7 livros. Quantos livros foram colocados na estante?

| 2 × 7 | 7 + 7 | 7 × 2 | 2 + 2 + 2 + 2 + 2 + 2 + 2 |

_____

b) João comprou 7 canetas a 2 reais cada uma. Quanto ele gastou nessa compra?

| 2 × 7 | 7 + 7 | 7 × 2 | 2 + 2 + 2 + 2 + 2 + 2 + 2 |

_____

c) Observe as representações a seguir, dos itens **a** e **b**. Escreva as semelhanças e diferenças entre elas.

2 × 7   7 × 2

_____

_____

222

Multiplicação por 10, 100 e 1000

A professora do 3º ano escreveu na lousa a multiplicação 10 × 10. Para efetuá-la, uma das alunas, Lorena, usou a soma de dez em dez.

1. Use a estratégia de Lorena para organizar a tabuada do 10 e complete o quadro.

Multiplicação	Soma	Resultado
0 × 10		0
1 × 10	10	10
2 × 10	10 + 10	
3 × 10	10 + 10 + 10	
4 × 10		
5 × 10		
6 × 10		
7 × 10		
8 × 10		
9 × 10		
10 × 10	10 + 10 + 10 + 10 + 10 + 10 + 10 + + 10 + 10 + 10	100

• A mesma estratégia aplicada por Lorena na multiplicação por uma dezena poderá ser usada agora para multiplicar por uma centena.

Multiplicação	Soma	Resultado
0 × 100		0
1 × 100	100	100
2 × 100	100 + 100	
3 × 100		
4 × 100		
5 × 100		
6 × 100		
7 × 100		
8 × 100		
9 × 100		
10 × 100	100 + 100 + 100 + 100 + 100 + + 100 + 100 + 100 + 100 + 100	1000

2. Veja como Lorena fez para resolver 3 × 200. Depois, utilize a mesma ideia para representar as multiplicações e descobrir os produtos.

> 100 + 100 + 100 + 100 + 100 + 100 = 6 centenas = 600 unidades

a) 3 × 300

= ____ centenas = _____ unidades

b) 2 × 600

= _____ centenas = _____ unidades

3. Veja a multiplicação de um número por 1000. Complete as multiplicações conforme o exemplo a seguir.

2 × 1000 =
1000 + 1000 = 2 unidades de milhar = 2000 unidades

a) 3 × 1000

_____ = _____ unidades de milhar =

= _____

b) 4 × 1000

_____ = ___ unidades de milhar =

= _____

225

4. Elabore um texto sobre como podemos calcular **multiplicações por 10, 100 e 1000 sem usar a calculadora.**

_____

_____

_____

_____

_____

5. Para calcular as multiplicações abaixo, utilize **as regularidades** que você já aprendeu.

a) 2 × 1 = _____

2 × 10 = _____

2 × 100 = _____

2 × 1000 = _____

b) 4 × 1 = _____

4 × 10 = _____

4 × 100 = _____

4 × 1000 = _____

c) 5 × 1 = _____

5 × 10 = _____

5 × 100 = _____

5 × 1000 = _____

d) 6 × 1 = _____

6 × 10 = _____

6 × 100 = _____

6 × 1000 = _____

e) 7 × 1 = _____

7 × 10 = _____

7 × 100 = _____

7 × 1000 = _____

f) 9 × 1 = _____

9 × 10 = _____

9 × 100 = _____

9 × 1000 = _____

6. Represente cada um dos resultados da atividade anterior no quadro valor de lugar.

a)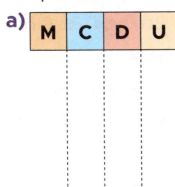

c)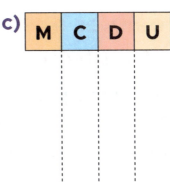

b)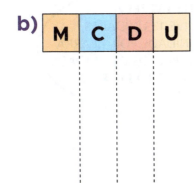

d)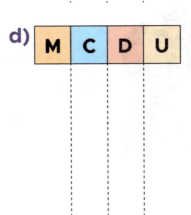

- O que acontece com o algarismo da unidade de um número quando ele é multiplicado por 10? E com o algarismo da dezena? E com o da centena?

_____

_____

7. Resolva as multiplicações a seguir.

a) 1 × 100 = _____

b) 100 × 2 = _____

c) 9 × 10 = _____

d) 10 × 7 = _____

e) 8 × 100 = _____

f) 1000 × 6 = _____

g) 1000 × 8 = _____

h) 8 × 100 = _____

i) 1000 × 3 = _____

Multiplicação com reagrupamento

Compreender o algoritmo convencional da multiplicação com reagrupamento

Carla tem uma papelaria e comprou 3 caixas com 14 canetas em cada uma. Quantas canetas ela tem para vender?

Júlia resolveu o problema da seguinte maneira:

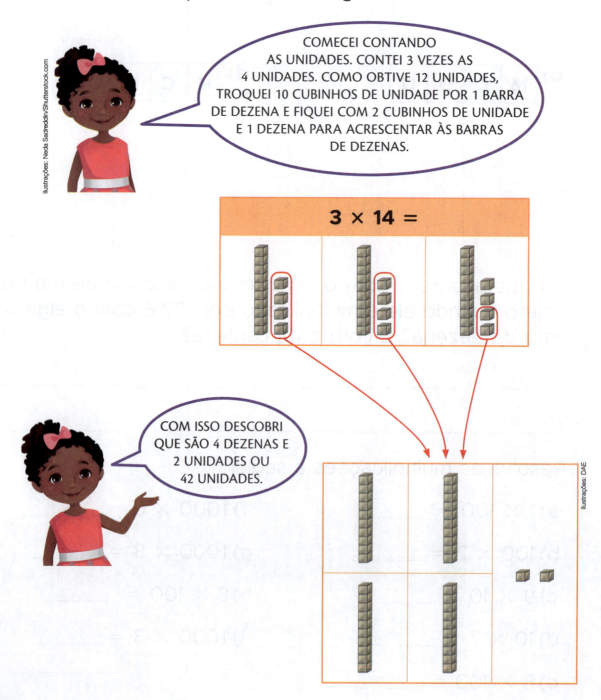

COMECEI CONTANDO AS UNIDADES. CONTEI 3 VEZES AS 4 UNIDADES. COMO OBTIVE 12 UNIDADES, TROQUEI 10 CUBINHOS DE UNIDADE POR 1 BARRA DE DEZENA E FIQUEI COM 2 CUBINHOS DE UNIDADE E 1 DEZENA PARA ACRESCENTAR ÀS BARRAS DE DEZENAS.

3 × 14 =

COM ISSO DESCOBRI QUE SÃO 4 DEZENAS E 2 UNIDADES OU 42 UNIDADES.

Já Carlos resolveu o problema utilizando a **estratégia da decomposição**.

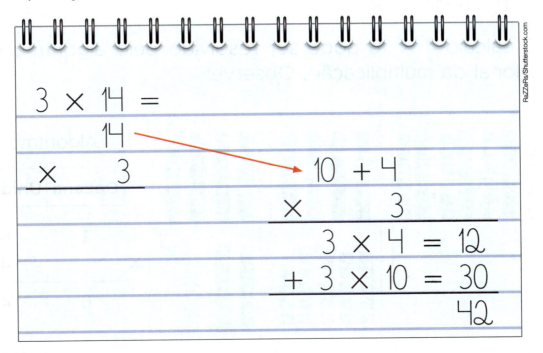

1. Escolha uma das estratégias apresentadas para resolver as multiplicações a seguir.

   a) 3 × 25 = _____

   b) 5 × 18 = _____

   c) 2 × 16 = _____

   d) 3 × 28 = _____

O algoritmo convencional da multiplicação

O cálculo 4 × 16 pode ser resolvido pelo algoritmo convencional da multiplicação. Observe:

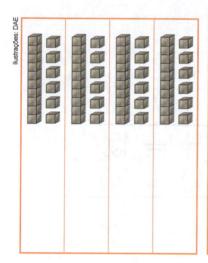
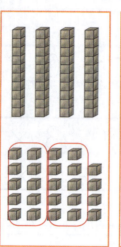
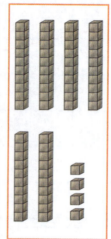

Algoritmo

Dezena	Unidade
+2	
1	6
×	4
6	4

1. Resolva as multiplicações usando o algoritmo convencional.

a) 3 × 24 = ___

Dezena	Unidade
2	4
×	3

b) 5 × 17 = ___

Dezena	Unidade

c) 4 × 19 = ___

Dezena	Unidade

d) 6 × 13 = ___

Dezena	Unidade

e) 2 × 27 = ___

Dezena	Unidade

f) 6 × 14 = ___

Dezena	Unidade

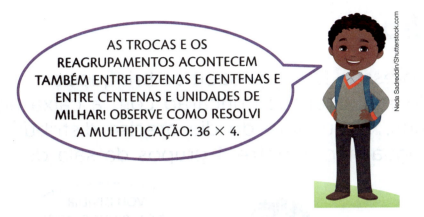

AS TROCAS E OS REAGRUPAMENTOS ACONTECEM TAMBÉM ENTRE DEZENAS E CENTENAS E ENTRE CENTENAS E UNIDADES DE MILHAR! OBSERVE COMO RESOLVI A MULTIPLICAÇÃO: 36 × 4.

Centena	Dezena	Unidade
+1	+2 3	6
×		4
1	4	4

4 × 3 = 12
12 dezenas +
+ 2 dezenas =
= 14 dezenas
ou 1 centena e
4 dezenas

6 × 4 = 24
24 unidades
ou 2 dezenas
e **4 unidades**

2. Escreva no caderno um texto cujas ideias serão elaboradas coletivamente, sobre o que você e a turma já sabem de multiplicação e das técnicas operatórias.

3. Resolva mais multiplicações pelo algoritmo convencional.

a) 28 × 4 = _____

b) 32 × 6 = _____

c) 24 × 9 = _____

d) 18 × 6 = _____

Divisão

Pedro é professor. Ele organizou os brinquedos da turma em caixas. Hoje as crianças brincarão com a caixa em que há 37 carrinhos. O ajudante do dia precisa distribuir todos os carrinhos, igualmente, entre 4 grupos da sala de aula.

Em Matemática podemos dizer que:

```
 3 7 | 4
- 4  | 1
 ___
 3 3
```

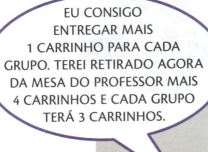

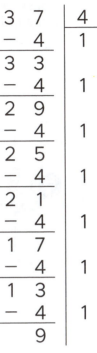

1. Agora é sua vez! Usando o algoritmo da divisão para registrar a resposta, distribua:

a) 25 carrinhos entre 5 grupos;

b) 12 carrinhos entre 4 grupos;

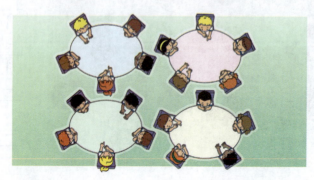

c) 18 carrinhos em 6 grupos.

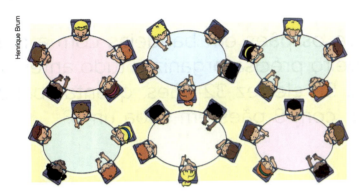

Divisão por estimativa

Tiago percebeu que para calcular 47 ÷ 5 seria mais rápido estimar quantas vezes 5 caberia em 47. Ele pensou em 3 vezes. Sua divisão ficou assim:

```
  4 7 | 5
- 1 5 | 3
  ___
  3 2
- 1 5 | 3 +
  ___
  1 7
- 1 5 | 3
  ___
    2 | 9
```

1. Primeiro estime o resultado de cada divisão, depois, calcule-as.

a) 69 ÷ 6 = ____
   Minha estimativa: ____

b) 72 ÷ 4 = ____
   Minha estimativa: ____

c) 95 ÷ 5 = ____
   Minha estimativa: ____

d) 56 ÷ 9 = ____
   Minha estimativa: ____

237

Quantos cabem?

1. Uma padaria expõe os pães em bandejas com a mesma quantidade. O padeiro precisa organizar tudo antes de os clientes chegarem. Se ele fez 32 pães, quantas bandejas ele pode organizar com 8 pães em cada uma?

___

2. Uma doceira produziu biscoitos e fez pacotes com 6 biscoitos em cada um. Foram embalados 36 biscoitos. Quantos pacotes foram feitos?

3. Em uma sala de aula com 27 alunos, quantos trios podem ser formados?

___

4. Na escola de Maria haverá um campeonato de vôlei, e 42 alunos já estão inscritos. Quantas equipes poderão ser formadas com 6 alunos em cada uma?

___

5. Você ajudará o professor a organizar um texto com as aprendizagens da turma, levando em conta o que foi desenvolvido na resolução de problemas que envolvia a ideia de divisão. Registre o texto no caderno.

Grandezas e medidas: área por superposição

1. Use as peças do Tangram que você recortou do **Material complementar** e faça o que se pede.

   a) Use triângulos para cobrir o quadrado.

   • Quantos triângulos você usou?

   _____

   b) Cubra o retângulo com quadrados.

   • Quantos quadrados você usou? _____

   • Quantos triângulos serão necessários para cobrir o retângulo? _____

   c) Forme um quadrado com 3 figuras planas do **Material complementar**. Desenhe como ficou.

   d) Forme um triângulo com 1 quadrado e 2 triângulos.

2. Crie uma figura que possa ser preenchida por 4 triângulos ou 2 quadrados. Use as figuras que você recortou do **Material complementar**.

Coleção de problemas

Veja algumas **dicas que p**odem ajudá-lo a resolver problemas.

- Identifique **a pergunta do** problema. Sempre que necessário **pinte-a para des**tacá-la.
- Destaque **as informações** relevantes do problema. Pinte-as usando **cores difer**entes.
- Ao elaborar **a resposta,** verifique se ela está completa e se **corresponde à perg**unta do problema.

1. Os meninos **Pedro, Lucas** e Rafael montaram três guarda-sóis em uma **praia, como** mostra a imagem abaixo.

Leia as dicas:
- sob o primeiro **guarda-sol** não há prancha;
- a prancha de **Lucas é col**orida;
- Rafael tem **boia.**

Agora responda:
- Qual é o **guarda-sol de** Pedro? _____

241

2. Complete o enunciado do problema assinalando a frase que falta. Depois resolva-o operando com os números 4 e 8.

• Na estante da sala de aula há 8 livros em cada prateleira. Se a estante tem 4 prateleiras:

☐ Qual é o título de um dos livros que estão na estante?

☐ Quantos livros há na estante da sala de aula?

☐ Quantas prateleiras faltam na estante?

☐ Quantas prateleiras a estante tem a mais?

_____

3. Humberto é avô de Isabela, Luísa e Manuela. Ele quer distribuir igualmente 78 reais entre suas netas. Quanto cada neta receberá?

_____

4. Uma farmácia tem 13 caixas com 6 unidades de creme dental em cada uma. O dono da farmácia quer distribuí-las em 3 prateleiras. Quantas unidades de creme dental ficarão em cada prateleira?

_____

Cálculo mental

1. Complete as retas com os números que marcam onde o grilo saltador parou.

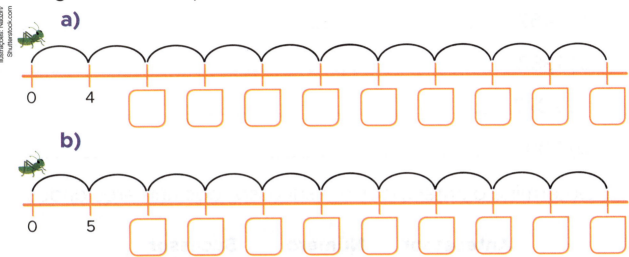

2. Complete as multiplicações.

15 = ___ × 3	30 = ___ × 3	12 = ___ × 3	24 = ___ × 3
21 = ___ × 3	9 = ___ × 3	18 = ___ × 3	6 = ___ × 3
27 = ___ × 3	3 = ___ × 3	0 = ___ × 3	

0 = ___ × 4	36 = ___ × 4	8 = ___ × 4	40 = ___ × 4
20 = ___ × 4	12 = ___ × 4	28 = ___ × 4	24 = ___ × 4
4 = ___ × 4	32 = ___ × 4	16 = ___ × 4	

7 = ___ × 7	35 = ___ × 7	42 = ___ × 7	63 = ___ × 7
28 = ___ × 7	21 = ___ × 7	56 = ___ × 7	0 = ___ × 7
14 = ___ × 7	49 = ___ × 7	70 = ___ × 7	

243

Retomada

1. Escreva os números por extenso.

   a) 1457 _____

   b) 1982 _____

   c) 2873 _____

   d) 909 _____

2. Determine o antecessor e o sucessor dos números dados.

Antecessor	Número	Sucessor
	900	
	1207	
	2389	

3. Resolva as multiplicações usando algoritmo convencional.

   a) 38 × 5 = _____   c) 19 × 7 = _____

   b) 45 × 3 = _____   d) 29 × 8 = _____

   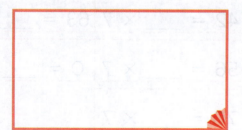   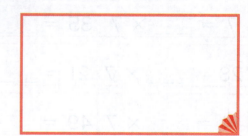

244

4. Resolva as divisões.

a) 96 ÷ 7

b) 117 ÷ 9

c) 144 ÷ 4

d) 113 ÷ 6

Periscópio

📖 Para ler

As três partes, de Edson Luiz Kozminski.
São Paulo: Ática, 2009. (Lagarta Pintada).
Três figuras geométricas formavam uma casinha. Um dia, elas enjoaram de ser sempre a mesma coisa. Resolveram, então, viver novas aventuras e partiram para formar novos objetos.

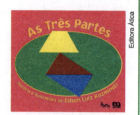

O chinês ao contrário, de Henrique Félix.
São Paulo: Formato, 1998.
Um divertido livro com rimas, em que um chinês guarda as roupas na cama e dorme no armário, até que lhe dizem que na China tudo é "ao contrário", e então ele resolve fazer algo com essa descoberta.

Referências

ABRANTES, P. et al. *A Matemática na Educação Básica*. Lisboa: Ministério de Educação/Departamento de Educação Básica, 1999.

BARBOSA, Ana Mae. Arte-educação no Brasil: realidade hoje e expectativas futuras. Tradução Sofia Fan. *Estudos Avançados*. Banco de Textos do Projeto Arte na Escola nº 6/1993, p. 178.

BRASIL. Ministério da Educação. Secretaria de Educação Média e Tecnológica. *Parâmetros Curriculares Nacionais*: Ciências da Natureza e suas Tecnologias. Brasília: MEC, 2002.

CROWLEY, M. L. O modelo van Hiele de desenvolvimento do pensamento geométrico. In: LINDQUIST, M. M.; SHULTE, A. P. (Org.). *Aprendendo e ensinando Geometria*. São Paulo: Atual Editora, 1994.

GÓMEZ, A. I. P; SACRISTÁN, J. G. *Compreender e transformar o ensino*. Porto Alegre: Artmed, 1998.

HERNÁNDEZ, F. *Cultura visual, mudança educativa e projeto de trabalho*. Porto Alegre: Artmed, 2000.

HOFFER, A. Geometria é mais que prova. Tradução Antonio Carlos Brolezzi. *Mathematics Teacher*, NCTM, v. 74, p.11-18, jan. 1981.

LARROSA, Jorge. *Linguagem e educação depois de Babel*. Belo Horizonte: Autêntica, 2004.

LÉGER, F. *Funções da pintura*. São Paulo: Nobel, 1989.

MACHADO, N. J. *Epistemologia e didática*: as concepções de conhecimento e inteligência e a prática docente. São Paulo: Cortez Editora, 1995.

_____. *Matemática e língua materna*: uma impregnação essencial. São Paulo: Cortez Editora, 1990.

MARTINS, M. C.; PICOSQUE, G. *Mediação cultural para professores andarilhos na cultura*. São Paulo: Editora Intermeios, 2012.

_____; _____; GUERRA, M. T. T. *Teoria e prática do ensino de Arte*: a língua do mundo. São Paulo: FTD, 2010.

MERLEAU-PONTY, M. *A prosa do mundo*. São Paulo: Cosac Naify, 2012.

PENA-VEJA, A.; ALMEIDA, C. R. S.; PETRAGLIA, I. *Edgar Morin*: ética, cultura e educação. São Paulo: Cortez Editora, 2001.

SMOLE, K. S. S. *A Matemática na Educação Infantil*: a teoria das inteligências múltiplas na prática escolar. Porto Alegre: Artmed, 2000.

_____.; DINIZ, M. I. (Org.). *Ler, escrever e resolver problemas*: habilidades básicas para aprender Matemática. Porto Alegre: Artmed, 2001.

_____.; DINIZ, M. I.; CÂNDIDO, P. *Brincadeiras infantis nas aulas de Matemática*. Porto Alegre: Artmed, 2000.

_____.; DINIZ, M. I.; CÂNDIDO, P. *Figuras e formas*. Porto Alegre: Artmed, 2003.

_____.; DINIZ, M. I.; CÂNDIDO, P. *Resolução de problemas*. Porto Alegre: Artmed, 1999.

_____.; DINIZ, M. I.; CÂNDIDO, P. T. *Cadernos do Mathema*: jogos de Matemática do 1º ao 5º ano. Porto Alegre: Artmed, 2003.

_____.; CÂNDIDO, P. T. Conexões no ensino-aprendizagem de Matemática. In: ENCONTRO NACIONAL DE EDUCAÇÃO MATEMÁTICA, X, 7-9 jul. 2002. Parte integrante do texto apresentado como justificativa para o minicurso de Geometria, Literatura e Arte.

VAN DE WALLE, J. A. *Matemática no Ensino Fundamental*: formação de professores e aplicação em sala de aula. Porto Alegre: Artmed, 2009.

VAN HIELE, P. M. *El problema de la comprensión*: en conexión con la comprensión de los escolares en el aprendizaje de la Geometría. Utrecht, 1957. 151 f. Tese (Doutorado em Matemática e Ciências Naturais) – Universidade Real de Utrecht.

VELOSO, E. *Geometria*: temas actuais – materiais para professores. Lisboa: Instituto de Inovação Educacional, 1998.

VIGOTSKY, L. S. *Pensamento e linguagem*. 3. ed. São Paulo: Martins Fontes, 2005.

Material complementar

Unidade 2 – Página 30

Fichas de números

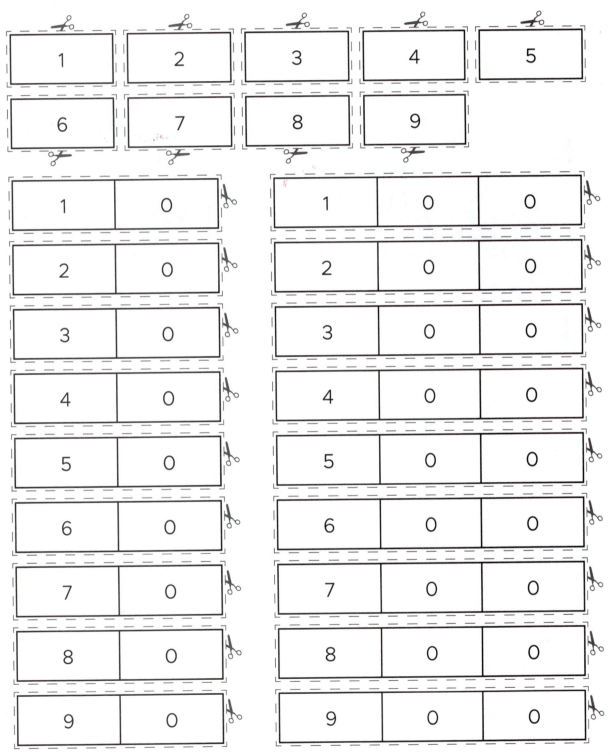

249

Unidade 3 – Página 59

Qual é a propriedade da figura?

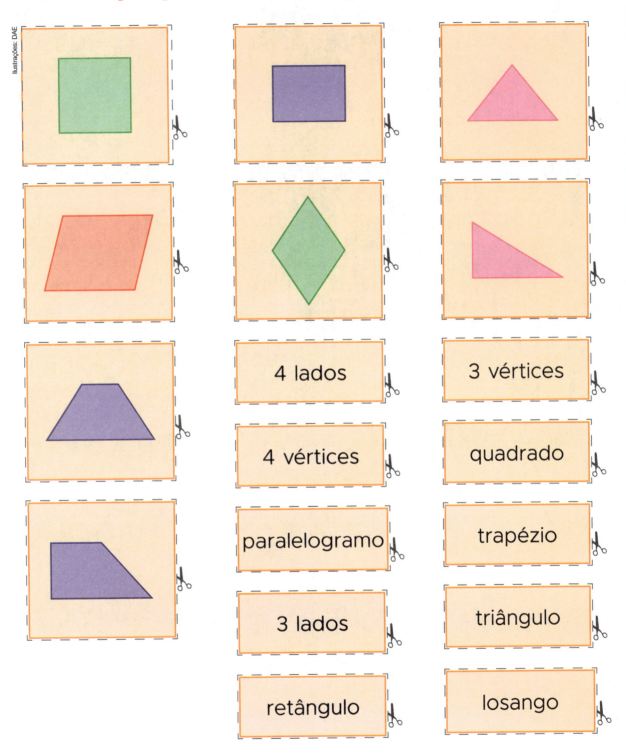

Unidade 5 – Página 114

Cédulas e moedas

Unidade 7 – Página 165

Planificação do dado

Unidade 8 – Página 206

Peças do Tangram

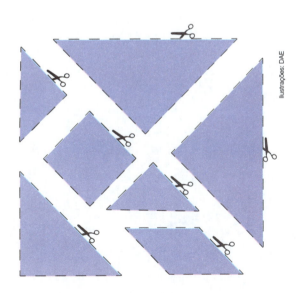

255